자기주도성과
내적 동기를 깨우는

미술 놀이의 기적

자기주도성과 내적 동기를 깨우는
미술 놀이의 기적

초판 1쇄 인쇄 2024년 3월 18일
초판 1쇄 발행 2024년 4월 5일

지은이 박성찬

발행인 백유미 조영석
발행처 (주)라온아시아
주소 서울특별시 서초구 방배로 180 스파크플러스 3F
등록 2016년 7월 5일 제 2016-000141호
전화 070-7600-8230   **팩스** 070-4754-2473

값 19,500원
ISBN 979-11-6958-099-1 (13370)

※ 라온북은 (주)라온아시아의 퍼스널 브랜드입니다.
※ 이 책은 저작권법에 따라 보호받는 저작물이므로 무단전재 및 복제를 금합니다.
※ 잘못된 책은 구입하신 서점에서 바꾸어 드립니다.

라온북은 독자 여러분의 소중한 원고를 기다리고 있습니다. (raonbook@raonasia.co.kr)

자기주도성과
내적 동기를 깨우는

미술 놀이의 기적

자연에서 노는 아이는 다르다

박성찬 지음

내 아이를
주도적으로
생각하는 사람으로
키우는 프랑스식
놀이교육의 힘!

프랑스 낭시 국립미술학교 출신 조각가가
'숲속미술학교'에서 펼치는 미술놀이의 모든 것

자연과 숲에서 다양한 미적 경험을 통해
상상력과 호기심을 마음껏 펼치는, 아이들도 부모도 행복한 세상으로 초대합니다

RAON BOOK

프롤로그

아이들은 우리가 알아야 할 것을 놀이에서 다 배운다

숲속미술학교 놀이터에서는 놀이가 시작되기 전에 부모님들에게 "아이가 주도적으로 놀 수 있도록 해주세요!"라고 한다. 그런데 가끔 부모님들께서는 그 말을 아이를 내버려 두고 멀찍이 떨어져서 따로 놀게 하는 것으로 오해하기도 한다. 또한, 아이 멋대로 모든 것을 행동하게 하는 것으로 착각하기도 한다. 그러면 "아이에게 놀이의 주도권을 주어, 놀 곳과 놀이 방법에 대해 스스로 결정하게 하되, 가까이에서 지켜보며 격려하고, 도움을 요청할 때는 도와주어야 하고, 훈계가 필요할 때는 훈계도 해야 한다"라고 다시 말한다.

아이 스스로 놀이를 결정하는 것은 단순히 그날 하루만을 잘 놀기 위해서가 아니다. 모든 부모가 아이들이 성인이 되었을 때 스스로 삶을 자주적으로 살아나가길 기대하며 바란다. 자기 주도적이며 독립적이고 주체적 성인으로 성장하길 바란다고 할 수 있다. 자기 주도성이란 스스로 자발적으로 무언가를 주도해나가는 것이다. 이것은 당연한 부모의 희망 사항이며, 이렇게 키우는 것이 양육자의 의무이기도 하다. 부모는 아이가 자신의 삶을 주체적이고 독립적이며 지혜롭게 살아내주길 기대한다. 그래서 무엇보다 부모는 아이에게 고기를 잡아서 구워 주는 역할만을 해서는 안 되며, 자녀에게 고기를 낚는 방법을 가르쳐 주도록 해야 한다. 그러기 위해서 아이들이 고기를 낚는 방법을 배우며 연습해야 한다.

고기 낚는 방법을 배울 연습장으로는 놀이터만 한 곳이 없다. 이렇게 아이가 주도적으로 놀이에 참여한다면 아이의 인생에서 자기 주도적인 삶을 살게 되는 법을 배울 수 있고, 이것이 진정으로 독립적이며 행복한 인생을 살 수 있게 도와주는 것이다. 그래서 무엇보다 놀이의 핵심은 자발적으로 노는 자기 주도성에 있다.

놀이가 아이에게 충분한 자양분이 되도록 하기 위해서는 자기 주도적이어야 한다. 무엇이든 아이 스스로 시도해 보도록 하고 해보게 해서 성취하도록 하여야 한다. 이 시간은 부모가 반 발짝 뒤에서 기다림으로 지켜보고 응원해 줄 수 있어야 한다. 아이의 자기 주도성은 놀랍게도 태어난 후 만 6세가 되면 거의 형성되고, 만 12세가 되면 완성된다고 한다. 교육심리학자인 에릭 에릭슨은 "인간은 주도성을 성취하지 못하면 죄의식을 느끼게 된다"고 경고한다. 아이들이 실수와 실패, 도전과 능숙함, 용기를 배울 수 있도록 허용된 시기가 이 때인 셈이다.

자기 주도적인 놀이를 하는 아이는 자기 주도적인 삶을 살 수 있다. 물론 자기 주도적 삶을 살아가기 위해서는 자기 주도적일 수 있는 환경이 되어야 한다.

　자기 주도적인 삶은 갑자기 이루어지지 않는다. 입시 공부도 며칠만에 이루어지지 않듯이, 어릴 때부터 부모가 아이에게 자기 주도권을 주는 경험이 부여되어야 한다. 어느 날 갑자기 의존적인 아이가 스티브 잡스(Steve Jobs)처럼 변화되지 않는 것처럼 말이다. 아이의 삶의 환경이 자기 주도적일 수 있다면 좋다. 그렇게 된다면 우리나라에서 어디를 가든 만날 수 있는 놀이터에서도 가능하다. 놀이 공간이 외양에서 별 차이가 없다 하더라도 아이들이 놀이에서 자기 주도성을 발휘한다면 그곳은 아이들의 놀라운 놀이터가 된다. 아이의 주도성만으로도 아이와 부모의 놀이 만족감이 다르게 느껴진다는 것을 알 수 있을 것이다. 물론 그 장소가 더욱 아이들을 위해 준비된 공간이면 더 좋을 것이다. 그러니 아이의 자기 주도성이 발휘될 수 있다면 이 세상 모든 곳이 다 놀이터가 될 수 있다.

　처음 숲속미술학교에 관한 글을 써야 되겠다고 마음먹었을 때부터 가장 먼저 떠올린 글의 제목이 "부모가 최선을 다하면 아이와 부모 모두 죽는다"라는 다소 극단적인 문구였다. 지금의 육아 형태는 아이들을 힘들게 만든다. 그리고 부모는 더 힘들어 한다. 모두가 힘들어 하는 게 현재 우리나라 육아 현실이다. 최선을 다해 잘 키워 주려는 부모와 그 상황에 맞추어 따라가려고 하는 혹은 따라가지 않으려는 아이들 포함해서 모두가 힘이 든다.

아이도 부모도 힘들게 한 육아의 결과는 최악의 출산율, 자살률, 가장 낮은 행복지수가 말해주고 있다. 그런데도 다시 이렇게 아이를 키우는 육아법을 반복해야 할까?

아이 키우기가 이렇게 힘든 이유는 육아를 너무 잘하려는 것에서부터 시작되는 듯하다. 아이들은 아이대로, 부모는 부모대로 모두가 서로에게 잘하려고 하다 보니 서로가 힘들고 불행한 육아가 되고 있다. 육아는 그렇게 서로에게 무거운 짐이 되는 관계가 결코 아니다. 자신이 낳은 아이지만 아이가 본인의 소유라는 생각, 혹은 나의 자랑거리라는 의식을 부모가 벗고 나면 아이는 결코 내가 이고지고, 부모가 생각하는 방향으로 끌고 가야 하는 대상이 아님을 알게 된다. 내 아이가 가고자 하는 방향을 찾고 격려와 응원만 있으면 육아는 그렇게 힘들지 않게 나아갈 수 있다.

육아가 힘든 또 하나의 이유는 타인의 눈을 너무 많이 의식한다는 것이다. 우리나라 부모들은 끊임없이 다른 집 아이들과 비교하며 키운다. 엄마가 산모일 때는 배 크기를 비교하면서부터 시작되는데, '6개월쯤 되면 이 정도는 불러와야 되는데'라는 이웃어른의 작은 걱정에서부터, '태어났을 때 몸무게가 얼마인지', '누구는 걸음마를 언제 시작했는데 아직도 못 걷고 있나'라든지, '빨리 걷네', '밥을 잘 먹네', '이유식은 언제 시작했는지', '모유를 언제까지 먹이니 어떻다더라', '말을 언제 뗐는지' 등….

그래도 이 정도 비교는 애교 수준이다. 이렇게 비교하면서 살다 보니 끊임없이 나도 남을 지적하게 된다. 물론 남보다 자신과 자녀와 바로 옆에 함께 사는 남편이나 아내를 더 지적하게 된다. 너무나 많은 사람들이 사랑과 관심이라 생각하며 지적한다.

산후조리원에 들어가면 그때부터 수많은 육아 정보를 제공받는다. 어린이집, 유치원에 들어가면 더 많은 비교 정보가 제공된다. 부모가 제대로 방향을 잡지 못하면 그저 남의 가치관에 따라서 몸과 마음이 움직인다.

그럼 부모는 어떻게 아이를 키워야 할까? 아이는 나의 자랑으로 삼기 위해 키우는 소유물이 아님을 알아야 한다. 그리고 기본적으로 모든 아이는 장점과 단점을 가지고 태어난다. 그래서 부모는 아이의 장점과 단점을 잘 이해하고 아이가 독립적인 주체로서 잘 성장할 수 있도록 도우면 된다.

나는 이 책을 읽는 독자가 자기주도적인 아이로 키우는 육아를 통해 부모, 아이 모두가 행복해 하는 육아로 가길 원한다. 이제 모두가 행복한 육아의 길로 가보자.

앞에서 얘기했듯이 숲속미술학교에서는 숲속 놀이터에서 놀기 전에 참여한 부모님께 당부하는 말이 있다.

"부모님들께서는 아이들에게 '이거 해보자, 저거 해보자' 하지 말아 주세요. 조금 천천히 시작되어도 괜찮으니 아이가 놀이 공간을 선택하고 놀 수 있도록 해주세요. 그리고 반 발짝 뒤에서 지켜보며 아이의 놀이에 맞장구쳐주세요. 또 무엇보다 엄마·아빠가 놀이의 주체가 아닙니다. 아이의 놀이를 부모가 따라서 해주기만 한다면 아이는 잘 놀았다고 느끼며 주도적으로 놀게 됩니다."라고 이야기한다.

놀이터에서 아이들이 하게 되는 많은 선택들이 있을 것이다. '어느 놀이를 선택할까? 어디서 놀까? 어떻게 놀까? 누구랑 놀까?'를 선택하게 되는데, 그 선택이 아주 중요하다. 자기 주도적인 선택이 왜 중요할까? 아이들의 내적동기에 의한 선택은 어떤 어려운 좌절이나 절망에서도 버틸 수 있는 버팀목이 될 수 있다.

스탠퍼드 대학의 종신교수이자 뇌과학자인 이진형 교수가 겪은 이야기다. 그는 최근에 비행기를 타고 가다가 〈해리포터〉 영화를 다시 보게 되었는데, 정말 엄청난 보물 같은 대사가 갑자기 귀에 쏙 들어왔다고 한다. 해리가 악당 톰 리들에 대해서 알게 되고 악당들과 싸운 후에 자신과 톰 리들 사이에 공통점이 너무나 많다는 사실을 알고 아주 깊은 고민을 하게 된 해리는 덤블도어 교수님께 찾아가 묻는다. 해리는 "마법의 분류 모자가 저에게 '너는 슬리데린에 배정되는 것이 맞다'고 했는데, 제가 제발 그린핀도르에 배정해 달라고 했어요. 그래서 마법의 분류 모자가 저를 그린핀도르에 배정해 준 것입니다. 저도 슬리데린 출신인 톰 리들 같은 악당이면 어떻게 하죠?"라고 한다. 그 말을 들은 덤블도어 교수님께서 말씀하셨다.

"해리야, 우리가 진정 어떤 사람인지는 우리의 능력보다는 선택이 무엇인지가 훨씬 더 잘 보여준단다."

이 말은 그의 인생에서 얻은 가장 큰 교훈과 일치하는 말이라며 매우 감동적이고 놀라웠다고 한다. 이진형 교수는 100번의 실험에 실패를 해서 주변의 만류와 포기를 강요받았지만, 굳건히 자신의 내적동기에 의한 선택으로 실험을 계속 진행할 수 있었다고 한다. 그리고 결국에 이 교수는 120번째 실험 끝에 성공하게 되었다. 그 성공으로 뇌과학의 새로운 세계가 열리게 된 것이다.

이것은 내적동기에 의한 자발적 선택이 얼마나 중요한지를 보여주는 대목이다. 내적동기에 의해 선택된 놀이터에서의 자발적, 자기 주도적 놀이가 그래서 더욱 중요하다. 놀이는 이렇게 우리가 인생에서 알아야 할 모든 것을 알게 해준다.

박 성 찬

Contents

- **프롤로그** 아이들은 우리가 알아야 할 것을 놀이에서 다 배운다　　4

Chapter.1
아이들의 발자국은 다 다르다

- 우리 아이들은 잘 자라고 있을까?　　19
- 정서 지능이 높은 아이가 휴머니티를 실천한다　　26
- 아날로그 경험, 자기 주도성 있는 아이가 미래인재가 된다　　37
- 아이들 인생에서 잊지 못할 장면을 만들어 주어라　　44

Chapter.2
아이들의 운전대는 아이 스스로 잡도록 하라

- 부모는 반 발짝 떨어져서 지켜보는 응원부대여야 한다　　55
- 정서 지능은 교감으로 높아진다　　62
- 루브르 박물관 대기줄을 서지 않아도 되는 이유　　69
- 교수와 학생이 수업 시간에 눈을 부라리며 무슨 이야기를 할까?　　76

Chapter. 3
아이들은 놀이에서 배우고 놀이터에서 자란다

- 아이들은 놀이밥으로 큰다   87
- 위험하게 놀아야 위험을 배우고 피할 수 있다   96
- 짧은 시간에 규칙도 만들고 대장도 뽑고   108
- 놀이로 팀워크와 공동사고를 익힌다   116
- 오늘은 선데이 피크닉이 열린 날   129
- "아빠랑 물감 떡칠하고ㅋㅋㅋ"   136

Chapter. 4
자연과 어울리는 아이가 회복 탄력성도 좋다

- 바깥 놀이는 신체와 인지를 동시에 발달시킨다   149
- 최고의 장난감은 돌, 물, 나뭇가지다   158
- 아이들에겐 공간이 필요하다   166
- 문제를 포기하지 않는 데서 회복 탄력성이 생긴다   175
- 탐색하면 호기심 쑥쑥, 창의력 불끈   183

Chapter. 5
미라클타임이 열리는 '숲속미술학교'로 놀러오세요

- 내 아이의 미라클 타임이 열리는 곳   197
- 물감 오감 체험, 만지고 냄새 맡고 바르고!   205
- 종이로 느껴보아요   212
- 찰흙으로 나를 닮은 공룡 만들기   219
- 세상과 자기 방식대로 교류하는 아이들   225

- **에필로그** 숲속미술학교에서 놀이밥을 먹으며 자라는 아이들은 세상과, 사람과, 자연과 친구가 되는 법을 배웁니다   234

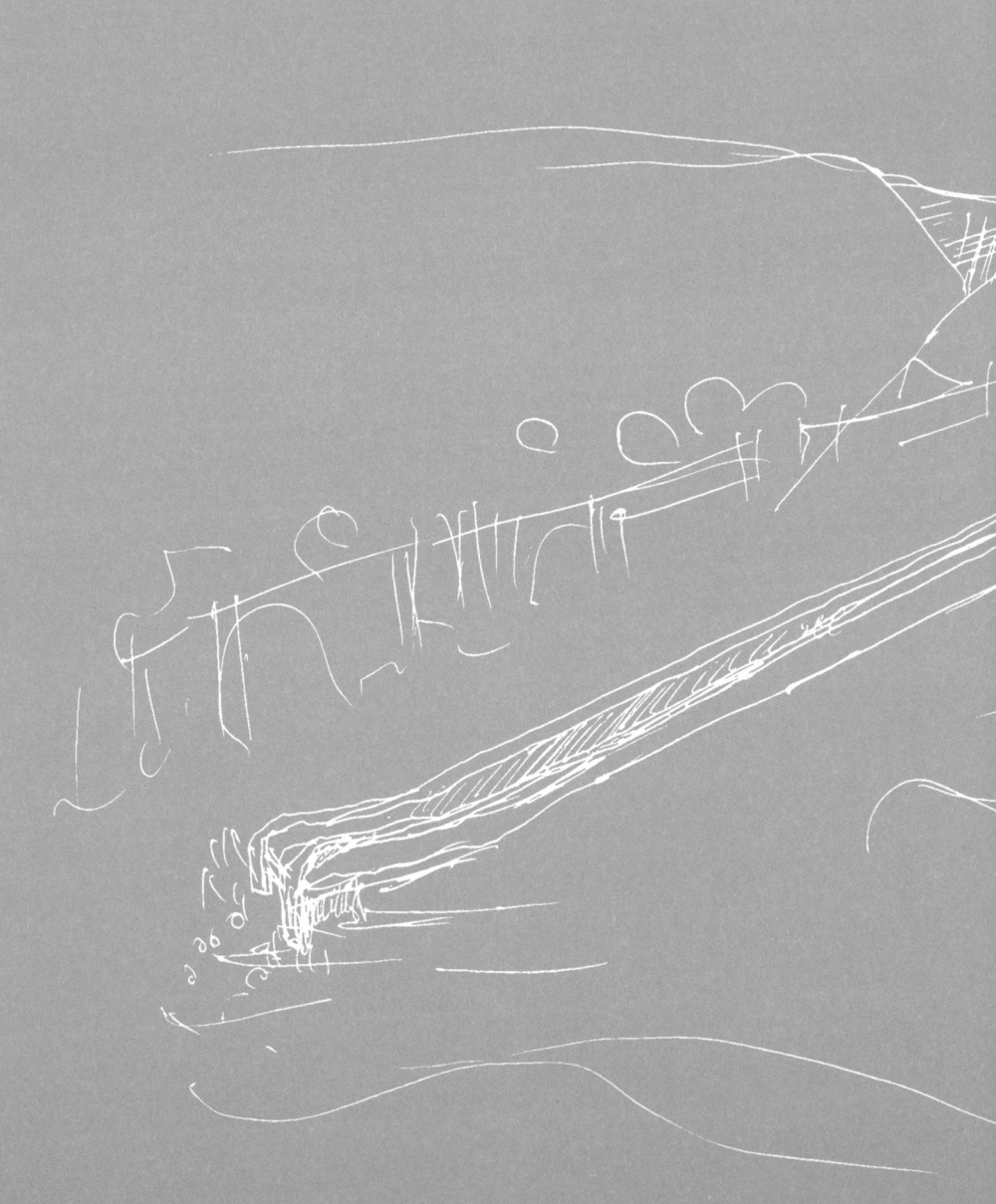

우리 아이들은
잘 자라고 있을까?

아이는 놀아야 한다

숲속미술학교의 숲속 놀이터에는 '도전의 산'이라고 불리는 놀이건물이 있다. 전체 바닥의 모양은 정사각형이다 보니 피라미드 산이라고도 한다. 이 도전의 산에 올라가는 방식은 두 가지가 있다. 한쪽으로는 암벽등반으로 정상에 올라갈 수 있고, 다른 반대쪽은 계단으로 정상에 올라갈 수 있다. 아이들을 그냥 자연스럽게 그대로 두면 많은 아이가 암벽등반 쪽으로 올라가려 한다. 그러나 부모랑 오게 되면 아주 어린 아이뿐만 아니라 충분히 암벽등반으로 올라갈 수 있는 나이의 아이도 부모 손에 이끌려 계단으로 올라간다. 부모님들은 암벽등반 쪽으로는 위험해 보이기도 하고 오르기에 힘들어 보인다는 이유로 못 올라간다며 아이들을 만류한다. 간혹 부모님과 같이 왔어도 암벽등반으로 올라가려고 시도하는 아이가 있다. 실패에 대한 두려움이 없는 아이이다. 너무 어리거나 힘에 부치는 아이는 조금 올라가다 더 오르지도, 아래로 내려가지도 못한 채 우는 일도 있다. 부모님이 도와주어서 겨우 올라간 아이들은 다시 혼자서 시도해 보기도 한다. 물론 오르려다 첫발만 디뎌보고 포기하는 아이도 있다.

지난 8월 개인 참여 수업 때 있었던 일인데, 아이는 나이가 4살 정도 되었다. 그런데 부모님이 별다르게 제지를 하지 않아서인지 암벽등반 쪽에서 그 여자아이가 도전하고 있었다. 아이는 몇 번의 도전으로도 정상 오르기에 실패하였다. 그러자 엄마가 "그래, 실패해도 괜찮다"라고 말하였다. "다음에 더 키가 크면 다시 도전해보자" 하시며 아이의 실패를 작은 격려로 받아주었다. 그러면서 아이와 반대쪽 계단으로 함께 올라갔다. 아이는 아무 일 없었다는 듯이 계단으로 힘차게 올라갔다. 지금의 이 모습은 내가 기대하는 순간이기도 하다. 아이가 성공해서 기뻐하는 모습도 즐겁지만, 지금처럼 아이에게 몇 번이고 실패해도 괜찮다고 하는 순간들이 더 많이 이곳에서 일어나길 기대한다.

영화 〈미스 리틀 선샤인〉의 한 장면

영화 〈미스 리틀 선샤인〉은 미국의 부부 감독 조나단 데이톤, 발레리 페리스의 2006년 미국 영화로, 원제는 'Little Miss

Sunshine'이지만, 어째서인지 국내 개봉명은 어순이 바뀌었다. 79회 미국 아카데미 시상식에서 각본상과 남우조연상을 받은 작품으로, 따로 또 같은 한 가족의 좌충우돌 재기발랄한 1박 2일을 그리고 있는 로드 무비이다.

　이 영화의 주인공들인 후버 가족은 삶이 엉망진창인 할아버지와 절대 무패 9단계 이론을 성공시키려고 하지만 신통치 않은 성공 중독자인 대학 강사인 아빠, 전투기 조종사의 꿈이 이루어질 때까지 말을 하지 않겠다며 9개월째 입을 닫고 있는 아들, 〈미스 리틀 선샤인〉 어린이들의 미인대회에 출전하려는 7살의 딸, 애인에게 실연당한 삼촌, 이런 가족을 돌보느라 정신이 없어 2주일 째 닭튀김을 저녁으로 내놓는 엄마가 구성원이다.

　이 후버 가족은 7살 딸 '올리브'의 어린이 미인대회의 출전을 위해 1박 2일 동안 여행하면서 각자 실패를 맛보게 된다. 하지만 그 상황은 서로에게 위안이 되고 서로를 지켜주는 진정한 가족으로 성장하게 된다. 그렇게 다시금 가족의 의미를 느끼게 해주는 흥미진진한 영화이다. 그중에서도 여행 중 할아버지와 손녀가 나눈 대화가 인상적이었다.

　손녀를 재우고 나가려는 할아버지에게 "저, 예뻐요?"라고 손녀가 묻는다. 손녀의 말에 그는 다시 그녀의 곁으로 가서 이렇게 말한다.

　"너는 이 세상에서 제일 예쁜 소녀란다".

　그 말에 손녀는 "말만 그러시는 거잖아요."라고 답한다. 그러자 할아버지는 아니라며, 손녀의 총명함이나 성격 때문이 아니라 예뻐서 손녀를 사랑하는 것이라고 대답한다. 내면과 외면 모두 다 예쁘다고 손녀에게 대답해준다. 하지만 손녀는 아직 마음의 불안이 사라지지 않았는지 이렇게 말한다.

"나는 패배자가 되기 싫어요"

그러자 할아버지는 "그럴 리가 없잖아. 왜 그런 생각을 해?"라고 반문한다. 그리고 손녀는 "왜냐하면, 아빠는 패배자를 싫어하니까요!"라고 답한다. (성공, 성공, 성공에 집착하는 아빠는 그 어떤 대화든지 성공과 실패의 잣대를 들이민다) 그러자 할아버지가 중요한 말을 해준다.

"패배자는 어떤 사람인지 아니? 진정한 패배자는 지는 게 두려워서 시도조차 안 하는 사람이란다. 넌 노력하고 있잖니? 그렇지? 그럼 절대 패배자가 아니야."

이 영화 속 대사는 무언가에 실패하거나 패배감을 느끼는 사람에게 정말 힐링이 될 것 같은 대답을 담고 있으며, 성공에만 집착하고 실패가 두려운 우리에게 아름답고 의미심장한 메시지를 전하고 있다.

그런데 놀이터에서 아이가 놀 때도 이런 조언들이 무수히 일어난다.

놀이터에서는 실패해도 된다

이 '도전의 산' 놀이터에 대해 소개하면, 먼저 이곳은 임대한 폐교의 폐창고여서 고쳐서 쓰기에는 너무 낡았고, 폐교 소유 건물이라 없앨 수도 없는 곳이었다. 폐창고의 위치도 포기하면 뭔가 중심인 공간이 사라진 듯한 느낌이 들어 버릴 수도 없었던 중요한 자리에 있었다. 처음에는 몇 번을 생각해 보아도 폐창고를 건드리는 것이 두려웠다. '잘못 손대었다가 전체 놀이터도 이상해지면 어쩌지'하는 두려움이 있었다. 공사를 진행했는데 놀이터로 삼기에 부적합한 건물이 되면 어쩌지 하는 실패에 대한 두려움이 있었다.

이렇게 애물단지 같았던 건물은 전체 공간을 이해하고 그 창고 건물을 안으로 품으면서 놀이 공간이 될 수 있었다. 수많은 아이디어와 포기하지 않는 노력을 통해 숲속미술학교의 주요 놀이터로 만들어졌다. (이 폐창고에 관한 이야기는 뒷장에서 더 자세하게 다루려 한다.)

근데 그때 내가 만약 좌절하고 속상해하면서 '왜 이곳에 창고가 있나?' 이런 마음만 있었다면, 혹은 이곳을 포기하고 다른 공간에 놀이터 장소를 만들었다면, 이 폐창고 건물은 여전히 아무도 이용할 수 없는 버려진 건물이 되었을 것이다.

우리는 모두 실패에 대한 두려움이 있다. 그러나 놀이터에서의 실패는 하나의 즐거움의 연속이다. 아이들이 지은 모래성은 쌓아졌다가 무너지기도 한다. 호수를 만들기 위해 부지런히 물은 부어도 속절없이 모래 바닥으로 물이 빠져나간다. 아이들은 물을 나르고 서로 협력해서 나뭇가지 다리도 만든다. 그러나 나뭇가지 다리가 부러질 수도 있다. 힘들게 파면서 곧 완성될 나만의 도로가, 그 소중한 길이 다른 아이가 밟아서 없어지기도 한다. 생면부지의 아이와 힘을 합쳐 시간 가는 줄 모르며 집중해서 성을 완성하기도 한다. 그리고 또 이 모래성이 곧 무너질 것을 알게 된다. 나의 주장이 수용되지 않아도 함께 놀기 위해서 내 의견을 줄이고, 다른 아이의 의견을 따르기도 해야 한다. 그래야 더 즐겁게 놀 수 있다는 걸 알기 때문이다. 놀이터에서는 실패해도 괜찮다. 놀이터는 실패하고 실패하여도 괜찮다고 하는 곳이다. 놀이터의 실패 교훈은 실패가 있어야 성장과 성공도 있다는 걸 알게 해준다. 친구와 협력하지 않고 나의 고집대로 만든다고 무조건 좋은 일이 아니라는 것도 알게 된다.

  놀이터는 실패하지 않는 길만 간다면 자신에게 큰 발전이나 성장이 없다는 것도 알게 해준다. 놀이터에서는 무엇보다 넘어졌을 때 어떤 자세가 되어야 하는지도 알게 된다. 어떤 상황이 일어나도 그 상황 안에 장단점이 공존한다는 것을 아이에게 알게 해준다. 놀이터는 우리가 삶에서 넘어졌을 때 그 안에 숨겨진 양면적인 성격을 바라보아야 한다고 알려 준다. 놀이터에서는 도전하고, 실패하고 다시 도전하고 또 실패해도 된다! 못해도 된다! 넘어져도 된다고 이야기한다. 놀이터는 놀이 안에 성장과 배움이 있다고 말해준다. 깜깜한 밤에 홀로 외롭게 있을 때 밤이

지나면 새벽이 온다는 것을 믿는 사람과 그렇지 않은 사람의 차이는 크다. 그렇게 놀이는 모든 것에 양면이 있다고 알려준다. 양면을 믿는 것과 믿지 않는 것에는 결과가 다르다는 것도 알려주고 있다. 아이가 놀이터에서 놀 때 놀이는 많은 이야길 들려주지만, 무엇보다 모든 일에는 양면이 있다는 걸 말해주고, 언제든 다시 일어날 수 있다는 회복 탄력성을 알게 해준다.

정서 지능이 높은 아이가 휴머니티를 실천한다

다양성이 무시되었던 시대

나의 초등학교 6학년 미술 시간에 있었던 일이다. 오랜만에 미술 수업에 야외에서 그림 그리기 시간이 있었다. 주제는 학교 풍경을 그리기였다. 나는 경치 좋은 숲속에 앉아 나무들이 촘촘하게 자라 있는 풍경을 그렸다. 나무의 잎도 가지도 여러 가지 색깔을 사용해 완성해 나갔다. 지나가던 친구들도 멋있다 하면서 칭찬하고 지나갔다.

그리기 수업을 마치고 모두가 그림을 제출하였다. 담임선생님은 우리들의 그림을 4단계 등급으로 나누어 성적을 매기고 있었다. 당시 조수 역할을 하고 있었던 한 급우는 내가 그린 그림이 3단계에 있는 걸 확인 후 '선생님이 실수하셨겠지'라고 생각하며 1단계로 옮겼었다고 했다. 그러다 얼마 후 선생님이 다시 1단계에 있던 그림들을 훑어보다가 내 그림을 보고는 아이들이 다 들리게 이렇게 외쳤다. "이게 왜 여기에 있어?"라며 골라내어 다시 3단계로 보냈다. '당연히 잘 그린 그림이 1단계 그림이지'라고 생각했던 아이들은 의아하게 생각했었다. 그러나 선생님의 이 말을 듣고는 모두가 이해하는 눈치였다.

"이 그림에는 이순신 동상이 없잖아."

그랬다. 이순신 장군 동상의 유무를 기준으로, 1·2등급 그리고 3·4등급이 나뉜 것이었다. 이순신 장군 동상을 그리라고 하지 않았음에도 선생님은 나름의 기준이 있으셨던 모양이다. 그때는 전혀 이해되지 않았지만, 지금 생각해 보면 우리가 받았던 미술교육에는 서로 다름이나 예술에 대한 이해가 없었다. 더욱이 창의성과 독창성을 이해해 줄 시대는 더더욱 아니었던 모양이다.

아무튼, 나는 그때 아무말도 못 했었다. 다시 생각해 보면 '그때 선생님의 의도가 애국심 고취였다면 반드시 이순신 동상을 그리라고 했었어야 하지 않았을까?'하는 아쉬움이 있다.

학교 풍경을 그리라고 한 도화지 안에 이순신 장군 동상이 들어가야만 좋은 그림이라는 이해가 되지 않는 잣대는 획일화된 지식의 결과이다. 그렇게 획일화라는 연장 선상의 사고가 아직도 통용되고 있다. 지금 아이들도, 부모도 모두 학교에서 획일화 교육을 받았다. 비슷비슷한 학교 건물에서, 배우는 교과 내용도

수준은 중간 정도에 맞춰 진도를 빼는 수업이 진행된다. 이런 획일화된 교육 환경에서 우리 아이들이 개성과 독창성을 키워 고유성과 다양성이 잘 갖추어진 인재가 되기에는 충분하게 보이지 않는다. 변화의 시대에 맞는 다양한 의견들과 능력들은 지금까지의 획일화된 교육 방식으로는 키울 수가 없다. 어쩌면 그동안에는 개발도상국으로서 획일화의 장점이 다양성을 인정하는 것보다 훨씬 유용하기도 하였다. 그렇게 국가와 민족의 번영 앞에서 소수의 인권과 개성이 조금 훼손되더라도 대의를 위해 정당화되었다.

그러나 이제는 경제 성장과 민주화가 이루어진 나라에서 획일화는 많은 사회적 갈등을 만들 것이다. 이제는 국가의 번영을 위해서라도 다양성이 존중되는 사회로 변화되어야 한다. 다양성이 없던 획일화 시대, 개성이 무시되었던 시대가 다시 반복되지는 않아야 할 것이다.

모든 인간에게는 공평하게 주어진 타고난 독창성이 있다고 생각한다. 우리 아이에게 있는 독창성은 아이의 스스로 삶을 주도적으로 이끄는 중요한 요소가 된다. 자신의 삶을 주도적으로 이끈다는 것은 각자의 삶의 주인은 부모나 그 누구도 아닌, 바로 아이 자신이라는 것이다. 아이의 삶은 아이 자신을 위한, 아이 자신의 삶이어야 한다. 아이는 사춘기를 겪으면서 부모로부터 심리적 독립을 준비한다고 한다. 질풍노도라고 이해되는 사춘기 시절 내내 자신은 누구인지, 어디서, 왜 왔는지를 고민하고 홀로

서기를 위한 준비단계를 시작한다.

그러나 보통 부모가 아이를 키울 때 가지는 시각은 대부분 편협한 논리나 이성적 지식의 수준이 강조되던 시기의 사고에 머물러 있다. 즉 길게, 장기적으로 어떤 인간으로 성장되길 바라는 것보다는 근시안적으로 결과와 성과에 집중하여 왔다. 예컨대, 당장 시험점수나 남의 집 아이와의 단순비교에만 열을 올리게 된다는 것이다. 시간이 지나면 다 알게 될 글자 하나 더 알고, 영어 단어 하나 더 아는 것에 부모들이 기쁨과 만족감을 느끼게 되기도 한다. 이것은 정작 아이 자체가 자기 주도적인 마음으로 느끼는 기쁨과 만족감일 수 없다. 근시안적 이성만의 능력이 강조되던 시기에는 남과의 비교로 서열을 매기는 학업성적이 우수한 것만으로도 능력자라고 칭송을 받았기 때문이다.

인공지능을 뛰어넘을 수 있는 정서지능

오랜 기간 인간의 본질은 이성과 감성으로 분리되어 이분화되어오면서 이성만이 인간의 전체를 아우를 수 있는 대표적 단어였다. 하지만 지금은 4차 산업혁명 시대이다. 인공지능이란 인간이 가진 지적 능력을 컴퓨터를 통해 구현하는 기술이다. 인공지능은 '강 인공지능(Strong AI, 이하 '강 AI')'과 '약 인공지능(Weak AI, 이하 '약 AI')'으로 구분되는데, '강 AI'는 사람처럼 자유로운 사고가 가능한 자아를 지닌 인공지능을 말한다. AI의 활용은 주로 인간의 한계를 보완하고 생산성을 높이기 위한 것으로 '알파고(AlphaGo)'나 의료분야에 사용되는 '왓슨(Watson)' 등이 대표적이다. 현재까지 개발된 인공지능은 모두 '약 AI'에 속한다.

빅데이터는 단순 암기로 모든 문제가 해결되던 시대의 종말을 얘기한다. 이것은 기존의 관리 방법이나 분석 체계로는 처리하기 어려운 막대한 양의 정형 또는 비정형 데이터 집합으로서, 스마트폰과 같은 스마트 기기의 빠른 확산, 소셜 네트워킹 서비스(SNS)의 활성화, 사물 인터넷(IoT)의 확대로 데이터 폭발이 더욱 가속화되고 있다. 빅데이터를 통하여 미래를 예측해 최적의 대응 방안을 찾고, 이를 수익으로 연결하여 새로운 가치를 창출할 수 있는 단계에 있다.

이렇게 과학기술적으로 예측이 불가능할 정도의 속도로 빠르게 변화되는 사회에서는 다른 사람들의 감성, 관계, 심리를 알지 않고서는 제대로 적절하게 대처할 수 없게 되었다. 미래 과학기술의 발전도 사람들이 협력하여 일을 행하기 때문에 그런 것이다. 좋은 학벌과 좋은 점수를 받은 것으로는 복잡하게 변화되는 사회에서 빠른 대처를 하기에 역부족인 경우가 많게 되었다. 모든 것이 연결된 정보화 사회로 세상이 빠르게 변화할수록 탄력적으로 유연하게 대처할 수 있는 사고방식이 요구되는 것은 당연하다. 그래서 오히려 인간에게 내재한 고유한 능력만이 지능을 스스로 고도로 발달시킬 수 있는 인공지능을 잘 활용할 수 있을 것이라 여겨진다. 그런 부분에서 정서지능은 단연 그 고유한 능력 중에 기본이라고 할 수 있다.

'정서지능(Emotional Intelligence)'의 사전적 의미는 '자신의 감정을 인식하고, 적절히 처리하고 조절하며, 타인의 감정을 인식하고 이에 알맞게 대처할 수 있는 능력'이다. 간단히 말해서 정서지능은 자신의 감정을 제대로 조절하는 능력, 자신에 대한 긍정적 시각이 있어서 스스로 동기부여 하는 능력, 좌절과 스트레스에 대처하는 능력과 타인의 감정을 인식하는 공감 능력이라고 할 것이다.

고유한 존재인 나

앞으로의 미래는 더는 현재의 잣대로 규정되지 않을 것이다. 앞으로의 사회는 독창성과 정서지능이 높은 인재가 필요한 시대적 변화로 더욱 가속화될 것이다.

그러나 지금 우리 사회는 많이 달라졌다고는 하나 여전히 독창성과 창의성의 시대를 준비하지 못하고 있다. 그렇다면 자녀 양육에서 독창성과 창의성은 어떻게 키워져야 하며 우리는 어떤 관점으로 미래를 준비해야 할까?

인간은 각자 고유한 특성을 타고 나므로 저마다 다 다르고 개별적이다. 독창성을 키우는 방법은 다름 아닌, '아이가 자신이 하고 싶은 일, 자신이 원하는 일을 하게 하는 것'이다. 부모의 태도는 공감으로 아이들을 바라보아야 하며, 아이들이 자기 자신에게로 시선을 돌려야 하고, 자기 자신만의 것, 나만의 것에 관심을 두어야 한다고 생각한다. 타인과의 비교와 경쟁에 자기 자신이 휩쓸리도록 내버려 두지 말고 나만의 것에 집중하도록 도와주어야 한다. 자기 자신에 대한 추구, 자신의 관심사, 그리고 자신의 타고난 재능과 장점을 계발시켜 나가야 한다. 자신의 장점을 알기 위해 남과 비교해서 더 잘하는 것을 찾아내는 것은 의미가 없다. 영원히 찾아내지도 못 할 수 있기 때문이다. 마음과 감정을 이해받는 것만이 아니라 자신의 감정 상태를 이해하는 것이 중요하다. 자신이 하고 싶고, 원하고 바라고, 자신을 사랑할 수 있는 일을 찾는 것이 중요하다. 우리 아이는 각자의 독창성이 있는 자신만의 것을 인정하도록 해주자. 자신이 하고 싶은 일을 찾고, 아이가 잘하는 일을 찾도록 도와주자. 그리고 그 일에 몰두하는 것이 진정으로 자신을 찾는 것이다.

우리 사회에는 특이한 사람을 인정하지 않는 사회적 분위기도 있다. 많은 사람이 눈에 띄는 행동은 하지 않으려 한다. 아마도 우리 사회에서의 생존전략으로, 그냥그냥 살아가는 것, 튀지 않고 평균의 삶을 살아가는 것이 안전한 삶이라는 것으로 이해되어서인 것 같다. 여러 가지 원인이 있겠지만, 획일화된 천편일률적인 교육 환경에도 그 원인이 있는 듯하다.

그러나 이제는 다양성에 대한 마음을 열어 나의 아이가 혹은 남의 아이가 그렇더라도 이해하고 포용하는 열린 마음이 필요하다.

자발성이 부족하면 인정 욕구도 채워지지 않는다

누구나 태어날 때는 자신만의 기질을 타고 난다고 하는데, 아이의 타고 난 기질을 계발시켜 그것이 아이의 개성과 독창성이 되도록 하는 것이 중요하다. 모든 아이에게는 타고 난 좋은 기질들이 반드시 있게 마련이다. 누구든지 존재만으로도 가치가 있으며, '창의성이 있다', '감수성이 풍부하다', '색감이 좋다', '호기심이 많다', '책을 좋아한다' 등 장점을 꼭 한 가지씩은 가지고 있다. 당장은 눈에 보이지 않더라도 시간이 지나면 발현되는 장점들이 꼭 있다. 그래서 부모는 장기적인 시선을 가지고 인내심 있게 혹은 자녀에 대한 욕심을 내려놓은 채 아이를 양육하면 좋겠다.

아이를 키우면서 부모의 할 일이라면 타고난 장점들, 기질들을 잘 계발시켜 아이들을 고유한 개성을 가진 사람으로 자라나도록 하는 것이다. 말로만 소중하다고 외칠 것이 아니라, 행동으로 아이들은 소중한 존재임을 보여줘야 한다. 그런데도 부모의 시선은 지금 공부를 잘하는지에만 관심이 많고, 아이들이 관심가지는 일들에는 아이들이 도전하고자 하는 의지를 꺾는 "하지 마", "아니, 안돼"라는 부정적인 얘기를 너무 자주 하게 된다. 이런 부정적인 언어 형태들은 부모들의 입술에 딱 붙어 있어 누르면 자동 발사되듯이 바로 튀어나온다. 어릴 때 행동의 제지를 많이 들었으면 자발성이 떨어진다. 행동하고 싶은 마음은 있어도 부모의 눈치가 보이기에 자발성이 떨어지고, 행동들의 범위는

줄어들고, 주눅 들다 보니 인정받고 싶은 욕구도 채워지지 않아서 문제가 발생하게 된다. 아이의 인정받고 싶은 욕구가 채워지지 않으면 유년의 결핍에 대해 장년에까지 그것을 채우고자 끊임없이 갈구하게 된다. 모방범죄 같은 터무니없는 유사한 구조의 범죄 사건들이 요즈음 일어나고 있다. 많은 경우 모방범죄의 이유는 인정에의 욕구의 결핍 때문이라고 한다. 시행착오를 줄이면서 자기의 존재를 드러내고자 하는 확실한 효과를 내는 범죄를 따라 하기, 즉 남 따라 하기는 인정받고 싶은 욕구의 다른 말이다.

부모의 최고 관심사는 공부이고 성적이다 보니 딴짓을 하는 아이들을 보고 있기가 부모로서는 참으로 힘들 수 있다. 멍 때리는 시간이든 놀고 있는 시간이든 딴짓하는 그 순간이 아이들이 스트레스 푸는 시간이고, 혼자서 오롯이 자신을 위해서 탐색할 수 있는 시간일 수 있다. 달리 말하면 멍 때리기도 아이에게 필요할 수 있다. 아이에게 혼자만의 공간에서 혼자만의 시간을 갖는 것은 소중하고 귀한 일이다.

결론은 정서지능이다

나는 아이를 키울 때 가장 중요한 것은 반 발짝 뒤에서 아이를 지켜보기와 공감하기라고 말하고 싶다. 반 발짝 뒤에서 아이를 지켜보기는 조급함 없이 아이를 장기적인 안목에서 키워야 한다는 생각의 결론이다. 그리고 공감하기는 '아이는 타고난 독창성이 있으며 존중받아야 하는 인격체'라는 생각의 결론이다. 정서 지능은 이것들을 모두 아우르는 단어이다.

정서 지능이 높은 아이들은 공감 능력으로 말미암아 주변의 친구들과 좋은 인간관계를 맺는다. 모든 인간은 이기적이라고 할 수 있는데, 공감 능력이 뛰어난 정서 지능이 높은 아이들은 그 이기적인 성향을 벗어나 이타성을 보이는 경우가 많다. 왜냐하면, 정서 지능이 높으면 자신을 존중하는 것은 물론이고 타인을 이해하고 배려와 존중을 하면서 따뜻한 마음으로 보기 때문이다.

이러한 타인에 대한 존중감이 휴머니티에 이르는 것은 당연하다. 타인의 생각이나 느낌을 이해하고 배려한다는 것은 자기 마음대로 하는 자기중심적 사고에서 벗어나 타인의 입장이 되어 생각해 준다는 것이다. 다른 사람의 말에 귀 기울일 줄 알고 호응할 줄 알며 상대방의 얘기를 잘 들어주면 당연히 옆에 사람들이 모이고 신뢰감이 형성된다.

정서 지능이 높은 아이들은 자신의 내면도, 타인의 마음도 이해하고 스스로 감정도 조절할 줄 알며, 타인의 감정에도 공감할 수 있다. 공감 능력은 타인의 기분과 감정을 같이 느끼는 것이기에 타인의 행동에 대한 이유를 훨씬 잘 이해하게 된다. 그래서 그에 대해 적절한 대처를 하게 되는 중요한 요소이다. 조직 내에서 협업할 때 그 실력을 발휘하게 되는 것이 바로 이 공감 능력이다. 상대방을 잘 이해하거나 이해시키지 않고서는 맡은 일을 함께 협력해서 할 수 없기 때문이다.

정서 지능이 높은 아이들은 자신의 감정과 타인과의 관계에 대한 부담이 없기에 인간관계에서 생길 수 있는 여타 문제들이나 스트레스 해결을 원만하게 잘 풀어나갈 수가 있다. 서로 의논하고 협의하며, 양보하고 협동하면서 해결점에 도달하는 것은 물론이다.

아날로그 경험, 자기 주도성 있는 아이가 미래인재가 된다

변화하는 시대에 아날로그 경험

아날로그 경험이란 컴퓨터가 나타나기 이전에 물질로 이루어진 세상을 경험하는 방식을 말한다. 즉, 세상이 본래 보여주는 방식이라고 할 수 있다. 빠르게 변화하는 시대에 아날로그 경험이라고 하면 시대착오적이라고 이해할 수도 있다. 그러나 아날로그 경험이란 디지털 경험과는 반대 개념으로, 직접 경험하는 것이다. 등산에 대한 아날로그 경험은 뒷동산에라도 직접 올라간 경험을 말한다. 그것에 반대되는 디지털 경험은 직접 히말라야에 올라간 적은 없지만, 사진을 포함해 동영상이나 가상체험 등을 간접 경험한 것을 말한다. 지식으로는 경험을 갖게 되지만 실제적인 경험이 없는 것을 디지털 경험이라 할 수 있다. 화롯불에서 밤 구워 먹는 경험에서부터 캠핑장에서 고기와 감자 등 옥수수를 구워 먹는 경험, 혹은 개울가에서 친구들과 함께 물속 바닥까지 잠수해 본 경험에서부터 실내수영장에서, 튜브 위에서 발만 동동거리며 놀았던 경험들도 직접 몸으로, 감각기관들로 경험한 아날로그 경험들이다. 디지털 경험만 있는 경우는 문제들이 일어날 때 오직 눈으로만 지식을 습득했기 때문에 문제해결 능력을 갖추지 못한 경우가 많다. 그리고 무엇보다 문제를 해결해야 하는 상황에서 쉽게 포기할 수도 있다. 운전을 배우기 위해서 시뮬레이션으로 운전해 볼 수도 있지만, 그것만으로는 운전을 잘할 수는 없는 것이다. 마치 오락실에서 자동차 경주의 드라이버가 되어 오락을 잘한다고 하더라도 실제 자동차 운전과는 꽤 거리감이 있는 것처럼 말이다. 우리는 모든 일에서 운전을 직접 해보는 것과 같이 직접 경험이 실제적인 해결 능력을 키우는 좋은 방법이라고 알고 있다. 따라서 아날로그적 경험은 앞으로 변화하는 시대에도 여전히 유용하며 중요하다고 할 수 있다.

 18세기 중반 증기기관차의 발명으로 이뤄낸 1차 산업혁명은 경공업의 기계화를 시작으로 2차 산업혁명 시기에는 기계와 산업의 과학화가 일어나 중화학공업이 발달했다. 정보통신기술이 발달하여 컴퓨터, 인공위성, 인터넷, IT기술이 발달한 3차 산업혁명을 지나, 4차 산업혁명은 로봇이나 인공지능의 발달로 인한 정보기술 산업 변화의 시대이다. 과학기술의 발달로 인해 인류에게 나타난 사회 경제적 변화의 속도는 점진적이지만 내용은 엄청난 사회적 변화를 일으켜 왔다. 과학기술의 발전은 시간이 갈수록 발전과 보급·전파 속도가 점점 빨라지고 있다. 2007년도에 아이폰이 출시되고 2009년에는 스마트폰이 등장했는데 현재 전 세계 곳곳에, 모든 연령대가 한 손에 컴퓨터에 맞먹는 이 도구를 쥐고 있다. 게다가 생성형 AI인 챗GPT는 불과 몇 분만에 정보검색과 이미지를 완성하고 인공지능은 스스로 거짓말도 만들어내기도 한다고 한다. 인공지능이 어디까지 발달할 것인지 가늠이 전혀 안 되며, 그것의 폐해로 인공지능이 오히려 인류를 공격할 것이라는 절망스러운 전망도 나오는 현실이다. 그러나 인공지능은 인간다움인 아날로그적 감각을 경험할 수 없다. 인간의 강점을 극대화하는 아날로그적 경험이 그 해결 방법이 된다.

놀이는 가장 좋은 아날로그 경험이다

놀이를 통해서만 아이들은 잘 성장할 수 있기에 놀이는 아이들의 할 일, 혹은 해야만 하는 일, 즉 권리이자 의무라고 생각한다. 놀이는 아이들에게 낭비되는 시간이 아니라 반드시 해당 시기에 해야 하는 일, 혹은 할 일이다. 놀이는 한 마디로 아이들에게 필수이다. 이 필수적인 일을 통해 삶의 다양한 쓸모들을 배우고 경험한다. 가령 모래놀이는 모래가 물에 젖으면 쉽게 뭉치고 고정된 형태가 없어서 만지는 대로 달라진다. 그래서 손 힘이 약한 어린아이도 모래를 이용하면 상상하는 것들을 만들 수 있다. 바닷가에서 두꺼비집을 만들고자 모래를 만지고 뭉치며 부수면서 자연스럽게 손과 촉감이 자극을 받는데, 이 과정에서 손의 움직임이 정교해지고 소근육이 발달하게 된다. 여러 친구와 함께 집단 놀이가 가능하다는 것도 모래의 장점이다. 이러한 놀이 경험을 통해 아이들은 서로 협동하거나 여러 가지 정보와 규칙 등을 공유하고 조율하는 상호작용의 기회를 경험한다. 또래 친구들의 놀이 방법을 따라하면서 새로운 방법을 알게 되고 함께 놀이하는 동안 자아가 발달되어 긍정적인 자아 형성에 도움이 된다.

나지막한 산에서의 나뭇잎 이불 놀이는 또 어떤가? 푹신한 이불처럼 낙엽을 이불 삼아 덮고, 침대에 눕듯이 낙엽 위에 드러눕는 놀이를 상상하는 것과 실제로 해보는 것의 차이는 크다. 쌓인 낙엽은 상상과 다르게 푹신하지 않다. 그러나 이미지만으로는 알 수 없었던 낙엽의 촉감, 흙내음과 함께 올라오는 낙엽 향기, 처음 누웠을 때와 조금씩 달라지는 나뭇잎에 대한 무게감, 같은 장소라 하더라도 비가 온 다음 날의 달라진 나뭇잎의 감촉, 갑자기 발견하게 되는 지렁이, 이미지로만 보아서는 알 수 없는 아날로그적 경험이 실제로 다가온다.

아이들은 놀이의 경험과 놀이에서의 실수를 통해서 더 잘 성장할 수 있다. 아이들에게 있어서 현실 세계에서 일어나는 놀이의 경험들은 축적되어 미래 아이의 모습을 만들어내는 좋은 요소들이 된다. 놀이를 통해서 그동안 쌓인 스트레스도 풀고, 새로운 놀이에의 도전 후 성공과 실패도 경험해 보고, 생각도 자라는 것을 알 수 있다. 그렇게 자신의 역량이나 장점도 발견해 가며 또한 창의성도 계발해 나갈 수 있다. 이런 아날로그적인 경험을 직접 하기에 가장 좋은 시기는 아직 우리의 잠재능력과 가치관 및 자기 주도성이 완성되는 시기인 아이일 때가 가장 좋다. 그것이 놀이를 통해서 이루어지는 것은 더욱 자연스러운 일이다. 세상에 대한 축적된 경험이 확장되고 융합되어 전혀 새로운 것으로 생겨날 수 있다.

의대로의 길이 행복의 길?

코로나 팬데믹 이후로 개인화는 더 심해졌고, 아이들의 경쟁은 나날이 치열해지고 있다. 팬데믹 기간 동안에 예상과 달리 마치 많은 부모들이 칼을 간 것처럼 사교육에 집중하고 또 열중하여 다른 아이와의 학습의 간극을 벌려 갔다. 팬데믹 기간 동안의 사교육비는 기사에 따르면, '코로나 원격수업에 학습결손 불안감 작용'으로 사교육 받는 학생 대상 통계에서 월 52.4만원이며, 2022년 사교육비 총액이 역대 최대인 26조원을 기록했다고 한다.

자원이 부족한 우리나라의 경제성장은 인적자원에 절대적으로 의존했다. 그래서 좋은 인적자원이 되기 위해서 모두가 공부

해야 한다고 생각한다. 좋은 대학에 가야 더 좋은 조건을 갖춘 인적자원이 된다고 생각한다. 그래서인지 웬만한 어른들보다 더 바쁜 아이들의 학습량과 학습 시간은 먹는 시간조차 제대로 할애할 수 없을 정도로 빡빡하다. 아이들이 공부와 성공과 경쟁에 내몰리어 미래의 대학입시와 좋은 직장은 아이 인생에 최우선순위가 되었다. 덕분에 많은 초등학생조차 피곤해서 커피를 마시는 지경인 나라가 되고 말았다.

초등학생과 심지어 유치원생들조차 의대를 준비하고 있다는 놀라운 얘기가 들린다. 아직 어린 아이들의 삶의 목적이 오직 공부해서 의대에 가는 것이라고 한다. 다들 왜 이리 의대에 가고 싶고 보내고 싶어 하는 것일까? 의사가 된다는 것은 안정적인 경제적 보상과 함께 사회적 지위와 환자를 치료하는 데에 따르는 보람도 있는 직업이다. 그러다 보니 너도나도 의사가 되고 싶어 하는 것이 아닐까 싶다.

그러나 모든 사람이 의대에 가거나 의사가 될 수는 없다. 의사는 높은 지적 능력과 특별한 감성, 인간에 대한 존엄 등이 필요한 특수한 전문 직업이다. 물론 모든 사람이 의사가 될 필요는 없다. 그런데도 다른 좋고 많은 가능성을 버려둔 채 하나의 방향으로 쏠림이 있는 것은 너무나 안타까운 일이다. 그렇게 의대를 희망했으나 희망대로 되지 않았던 99%의 아이들은 심한 좌절감과 열등생으로 남은 인생을 살아가야 한다. 의사가 되어야 한국 사회에서 대접받으며 남부럽지 않게 살 수 있다는 자본주의에

매몰된 지나친 편견은 불행한 삶의 시작이 되고 있다. 그렇게 잘못된 방향성으로 학습에 천착하는 순간부터 가장 중요한 주체인 아이라는 존재는 사라지고 없게 된다. 앞만 보고 달리는 경주마처럼 오직 성적, 점수만이 있을 뿐인 것이다.

무엇이 되는 것도 중요하지만, 더 중요한 것은 '어떻게 인생을 살아가야 하는가?'이다. 어떻게 인생을 살아가야 하는가는 우리가 선택할 수 있다. 노력하는 과정, 많고 다양한 경험들의 과정, 그리고 결과에 연연함 없이 시도하는 과정을 선택하면 우리는 많은 것을 얻을 수 있다. 반면 결과만으로 무엇인가가 결정되어버린다면 우리의 인생이 공허하며, 목표로만 이루어진 세상은 모두가 불행한 사회가 될 것은 자명한 일이다.

그동안 우리 사회는 내면의 건강을 돌보지 않았다. 그렇게 성장한 세대가 어떻게 되었는지 보아야 한다. 최저의 출산율, 최대의 자살률, 가장 낮은 행복지수 등만 보아도 알 수 있다. 이대로 몇 퍼센트만 행복하고 모두가 불행한 사회는 앞으로는 몇 퍼센트마저도 모두가 불행해지는 사회가 될 것이다. 다음 세대를 위해서라도 우리 사회는 변화하여야 한다.

우리 아이들은 어떻게 삶을 살아가야 할까? 나는 이렇게 생각한다. 바른 가치관으로 장기적인 시선을 가지고 노력하는 인생이라면 모두가 중요한 인생이다. 이런 의미 부여가 될 때 나와 모두가 행복한 세상이 될 것이다.

아이들 인생에서 잊지 못할 장면을 만들어 주어라

마치 영화의 한 장면처럼 하나의 이미지로

　프랑스 유학 중 나는 조각 심포지엄에 초대되어 전시에 참여했던 일이 있었다. 심포지엄은 파리 근교의 한 시청에서 주관한 행사였다. 설치 작품을 준비해 갔던 나는 반나절 내내 풀리지 않는 작품 설치로 애를 먹고 있었다. 그러다가 심포지엄의 메인 작가이면서 부근에 아틀리에를 갖고 있던 유명 조각가 세자르가 참여작가들을 점심에 초대해 같이 식사를 할 수 있었다.
　점심 식사를 마친 일행들은 모여서 이야기를 나누고 있었다. 나는 설치 작업이 생각처럼 잘 풀리지 않아 조금은 우울한 기분이었기에 조각가의 작업실을 혼자서 둘러보며 이런저런 생각에 잠겨 있었다. 그러다가 세자르 조각가가 마을 아이들로 보이는 아이들과 안쪽 아틀리에서 미술로 놀이 수업을 하는 걸 보게 되었다. 유명 조각가가 동네 아이들과 스스럼없이 미술 놀이 수업을 하는 걸 본 순간, 마치 영화의 한 장면처럼 하나의 이미지로 내 머릿속에 각인되었다. 너무 아름답게 보였던 광경이었다. 그 찰나 같은 시간에 벌어진 광경은 나에게 잊히지 않는 한 장면이 되었다. 아마도 내가 지금 숲속미술학교를 어떻게 하게 되었느냐고 물어온다면 나는 주저함이 없이 그때 보았던 그 장면에서 시작되었다고 말할 것 같다.

어쩌면 특별할 것 같지 않은 수업이었지만, 작가의 아틀리에서 아이들과 하는 놀이 미술 수업은 나에게는 심포지엄을 다녀왔어도 머릿속에 각인되었을 만큼 한참 동안 좋은 기억으로 남아 있었다. 내가 만일 한국에 돌아간다면 작업실에서 아이들과 미술을 매개로 하는 놀이 미술 수업을 하는 작가가 되면 좋겠다고 생각했었다. 그 꿈이 신광의 작업실에서, 그리고 지금 옮겨온 청하 숲속미술학교에서 현실이 되고 있다.

"자세히 보면 보여요"

2023년 4월의 어느 날, 그날도 숲속미술학교를 찾은 아이들과 학부모들을 맞이하며 하루를 시작한 날이었다. 그러나 그날 아이들은 저마다 임무를 수행하는 탐험가처럼 조금씩 조금씩 움직여 나갔다. 세상이 슬로비디오처럼 조용하게 움직였다.

보통은 부모님 손에 이끌리거나 아이들이 몰려가는 곳으로 함께 떼지어 가는 놀이터 풍경이었다. 그러나 그날은 달랐다. 놀이터의 설명 때 반 발짝 뒤에서 지켜보자는 안내가 있었던 후 너무나 달라진 풍경이었다. 모두가 각자 가고 싶은 곳으로 움직였다. 부모님들도 바빠질 게 없이 느긋하게 뒤를 따랐다.

"엄마, 내가 해볼래"

"응, 그래"

"힘들지만 할 수 있을 것 같아. 엄마 나 잘하지?"

"그러네, 우리 ○○이 잘하네"

아이와 부모들이 주고받는 대화를 배경음악으로, 풍경이 정말 슬로비디오처럼 움직였다.

그런데 유독 그 풍경이 완전히 멈춘 곳이 있었다. 아이가 땅바닥에 엎드려 무언가를 바라보고 있었고, 엄마 아빠도 같이 엎드린 채 미동도 없는 아이를 미동도 없이 바라보고 있었다. 가까이 다가가서 "무엇을 보고 있어요?"라고 내가 물었다. 아이는 조금은 조심스럽게 나뭇가지를 보여주었다. 그냥 나뭇가지였다. "그래, 나뭇가지네" 하자 아이는 "옆에 애벌레가 붙어 있어요"라고 말했다. 정말 자세히 보니 5㎝ 정도 되어 보이는 초록색 애벌레가 보였다. 나는 깜짝 놀라며 "온통 초록색 밭인데 이 작은 벌레를 어떻게 발견했어요?"라고 물었다. 아이는 자랑스러워하며 "자세히 보면 보여요"라고 했다. 아이는 무엇보다 대단한 발견을 한 탐험가의 표정이었다. 아이와 아이의 엄마 아빠는 다시 그렇게 바닥에 엎드린 채 30분 가까이 바닥의 풍경을 바라보았다.

  엄마 아빠와 잠시 대화를 나누었다. 아이의 부모는 딸아이가 너무 예민한 것 같다고 말했다. 나는 우리 딸도 어릴 때 그렇게 예민하게 보였는데 나중에 가서야 아빠인 내가 그 섬세함을 몰라주었던 것임을 알게 되었다고 했다. 딸아이의 섬세함을 이해하고 나자 더 이상 예민하게 보이지도, 예민한 아이라고 말할 필요도 없었음을 알게 되었다고. 그러고는 그 부모에게 지금처럼 엄마 아빠가 기다리면서 곁에서 조용히 지켜봐 준다면 별 탈 없이 예쁘고 건강하게 성장할 것이라고 말씀드렸다.

함께 땅바닥의 풍경을 바라보는 일

  그 부모님은 이곳에 오기 전까지만 해도 자녀가 예민해서 힘들게 하는 아이인 줄로만 알았는데, 내 이야기를 듣고 나니 딸아이를 있는 그대로 봐주는 일의 중요성을 알게 되었다고 했다. 반 발짝 떨어져서 응원해줄 뿐이라는 내 이야기가 무슨 의미인지 알 것 같다고도 했다. 그러고는 오늘처럼 이렇게, 딸 곁에서 딸이 바라보는 땅바닥의 풍경을 오랫동안 같이 바라볼 것이라고 했다.

  "맞아요. 저도 그때는 이해하지 못해 안타까웠어요. 그러나 오늘, 지금처럼만 지켜 보아준다면 아이는 잘 성장할 수 있을 겁니다."

그 가족은 그러고도 한참이나 같이 땅바닥을 바라보았다.

시간이 얼마쯤 지나자, 아이는 "엄마, 나 저기 나무 미끄럼틀 타고 싶어" 하면서 엄마 아빠를 이끌고 나무 미끄럼틀로 이동하고 있었다. 그 만족한 기분 좋은 표정으로 아이 아빠가 이야기했다.

"원장님, 정말 좋은 하루입니다. 원장님과 이야기를 나누지 못 했다면 어제와 다름없는 하루였겠지만, 지금은 어제와 너무 다른 하루네요."

나에게는 세 사람이 그렇게 한참 동안 바닥에 같이 엎드려서 땅을 보던 장면이 하나의 아름다운 그림으로 남았다. 오늘은 아이와 아이의 부모에게도 서로 잊히지 않는 아름다운 장면으로 남았으리라 확신한다.

인생에서 잊지 못할 장면을 만들어 주어라

나이 지긋한 조각가와 아이들이 함께 보여준 놀이 미술 수업은 내 인생의 한 장면이 되어 내가 앞날을 설계하고 그려가는 데 큰 영향을 주었다.

부모가 해주어야 할 가장 중요한 일은 아이들이 많은 경험을 '스스로' 해보게 하는 것이다. 아이가 관심이 있고 즐거워하는 것에 부모가 같이 즐거워하고, 보고 싶어 하는 것을 보게 하는 것. 이것이야말로 부모가 해주어야 할 일이다. 꽃을 보고자 한다면 꽃을 보게 하고, 아무도 관심 두지 않는 풀잎에 물을 주고자 하면 그리하도록 하라 하고, 애벌레를 관찰하려고 하면 그렇게 스스로 경험하도록 하기이다. 아이가 원하는 것을 하도록 하다 보면 그것이 멋진 장면으로 만들어질 것이며, 그렇게 성장한 아이는 분명히 행복한 어른이 될 것이다.

어린 시절에 서로 어울려 경쾌한 소리를 지르며 놀던 기억에 저절로 미소가 지어지는 이유는 유년기의 즐겁고 행복한 기억 때문일 것이다. 부모 세대들은 친구들과 함께 고무줄, 오징어 뒷다리, 땅따먹기, 기마 타기, 구슬치기, 공기놀이, 소꿉놀이 등등 다양한 놀이를 하면서 신나게 놀았던 유년기를 떠올릴 수 있다. 시간은 흘러 많은 것이 바뀌었다. 현재 우리 아이들은 공부 때문에, 그리고 놀이 공간이나 집단놀이를 함께할 마음 맞고 시간 맞는 친구가 없어서도 놀 수가 없는 실정이다. 우리 아이들은 공부량이나 학습량이나 숙제량이 상당하기에 하루의 일과로도 다 끝내기가 쉽지는 않다.

우리나라 교육의 특징이 콘텐츠, 즉 지식의 내용 전달에 있다고 생각한다. 학교에서도 가정에서도 아이에게 무엇을 가르칠까가 중요하다. 사회에서도 무슨 정보를 아느냐가 중요하다. 지식 위주의 교육이다 보니 주입식 교육 방법과 암기가 그리 중요했다. 과정에 대한 설명 없이 정답이라는 결과만 억지로 외워야 했었던 적이 예전 공교육에는 있었다. 안타깝게도 학교 교육은 예전이나 지금이나 달라진 것은 없어 보인다. 똑같이 암기해서 시험을 치르고, 난이도는 더 높아진 채 주입식 교육은 여전하다. 아이들이 기억하는 어린 시절이 학교로 학원으로 집으로 다람쥐 쳇바퀴 돌았던 것으로만 기억되지 않아야 할 것이다.

  사람은 어릴 적의 행복한 기억으로 평생 행복한 삶을 살아갈 수 있다. 반면에 행복하지 않은 기억으로도 평생 삶을 살아갈 수도 있다. 즐거움이 뭔지 행복이 뭔지 아이들이 느끼도록 해주길 바란다. 아이들에게 즐거움과 행복의 기회를 많이 만들어 주길 바란다. 아이들에게도 잊지 못할 장면으로 남을 기억들이 많다면 아이들은 성장하면서 안정감과 행복감을 느끼면서 자라나게 될 것이다. 부모들은 자녀들에게 어떤 기억의 유년기를 기억하게 해주고 싶을까? 답은 분명하다.

  자녀를 키우는 일이 어렵다고들 말하지만, 알고 나면 매우 간단명료하다. 그저 같이 한 방향을 바라보는 것, 그리고 때로는 아이가 보고 싶은 것을 다 볼 때까지 기다려주는 일. 이 두 가지만 하면 부모의 역할은 다한 셈이니 이보다 더 쉬운 일은 없다.

Chapter.2

**아이들의 운전대는
아이 스스로
잡도록 하라**

부모는 반 발짝 떨어져서 지켜보는 응원부대여야 한다

숲속미술학교에 오면

　숲속미술학교에서는 놀이의 주도권이 아이에게 주어져야 한다. 숲속미술학교에 부모님과 아이들이 오면, 먼저 놀이터에서 놀게 되는데, 숲속 놀이터 놀이 전에 간단한 인사와 함께 아이들에게는 이곳이 위험한 놀이터라고 알려준다. 놀이터에서 어떻게 놀며, 주의할 점이 무엇인지 이야기한다. 그리고 부모님에게 빼먹지 않고 설명하는 부분은 "놀이는 아이들이 자기 주도성을 갖고 있을 때 진정한 놀이가 될 수 있습니다. 놀이 주도권을 아이에게 맡기고 아이의 반 발짝 뒤에서 지켜보며, 함께 놀아준다고 생각하지 말고 같이 논다고 생각하고, 이거 하자 저거 해보자 하지 말고 뒤에서 반 발자국 떨어져 지원하며, 응원하고, 격려하면 됩니다"라고 말한다.

그런데 간혹 이 안내 부분을 생략한 채 놀이를 시작하면 많은 부모님이 놀이 주도권을 쥔 채 놀이를 시작하게 된다. 놀이의 주도권을 엄마나 아빠가 갖게 되면 그것은 놀이가 아니고 잔소리나 학습이 된다. 아이를 조금이라도 잘 놀리고 싶은 마음에 이것도 해보라, 저것도 해보라, 저기에 가서 올라가 보아라 등 아이들이 미처 공간에 익숙해지기도 전에 부모님 주도로 이곳저곳 아이를 데리고 다니며 놀아주려고 하기 때문이다. 그렇게 아이들은 엄마 아빠와 보조를 맞추어 같이 잘 노는 것처럼 보이지만, 조금 후 아이들은 "그럼 나도 이제 놀래"하면서 혼자 노는 광경을 보게 된다.

아이에게는 아직 놀이가 시작된 것이 아니었다. 놀이터에서 아이가 놀이의 주도권을 갖고 놀고 있을 때 부모는 그저 지켜보며 아이들이 도움을 요청할 때 도움을 주고, 뒤에서 응원한다면 이 아이들에게 더욱 즐거운 놀이 시간이 될 것이다. 미술 수업 때도 엄마 아빠는 뒤에서 응원하며 도움만 줄 때 아이들이 자기 주도성을 갖게 되며, 미술 수업도 훨씬 즐겁게 지낸다.

아직도 쌀쌀한 봄의 어느 날, 숲속미술학교 개인 참여 수업이 진행되었다. 오늘도 놀이터 안내에서 부모는 반 발짝 뒤에서 응원하며 격려해 줄 때 아이들도 더 잘 놀고 부모도 힘들지 않다고 했었다. 놀이 초반에는 부모님들이 아이들에게 잔소리하는 것이 가끔 들리긴 했지만, 대부분 부모님이 가까이서 지켜보면서 "우와! 잘한다"라고 격려를 해주고 암반 등반으로 올라가고 싶지만 주저하는 아이에게는 "그래, 좀 무서울 것 같지만 할 수 있을 것 같아"라고 응원의 말을 건네는 등 옆에서 보고 있으면서 응원으로 지지했다. 힘들지만 무사히 등반에 성공한 아이는 그 이후 몇 번을 다시 오르며 즐거워했다. 시간이 지나자 자연스럽게 아이들은 같이 온 친구랑 혹은 오늘 처음 만난 아이들과도 벌써 친구가 되어 모래 놀이터에서 어울려 놀기 시작했다.

"내가 물 떠올게"

"너는 여기를 더 깊게 파"

"어, 그럼 나는 이곳에 구멍을 내서 터널을 만들어놓을게"

이렇게 아이들끼리 대공사가 진행된다. 부모님과 함께였으면 혼자 올라갈 엄두도 내지 못할 큰 미끄럼틀에서 내려오기까지 한다. 물론 부모님들이 반 발짝 뒤에서 사랑스럽게 지켜보았기에 가능한 풍경이다.

놀이는 세상을 미리 배우는 통로

아이들은 놀면서 배워나간다. 아이들은 놀이를 통해서 스스로 배워 나가고 성장해 간다. 관계를 배워 나가고, 감정들을 배워 나가고, 위험도 배워 나가며, 삶의 기술도 배워 나간다. 놀이를 통해서 스스로 배우고 깨우친 것들이 나중에 커서 어른이 되었을 때 사회의 일원으로서 필요한 것들이 된다. 즉 놀이는 세상을 미리 배울 수 있는 통로가 된다.

이러한 놀이의 중요성이 대두된 것은 2000년대 후반 들어서이다. 바로 1990년대 열풍이 일었던 조기교육과 선행학습의 부작용에 대한 반성으로 놀이가 강조되게 된 것이다. 1990년대 초반에 미국 유학 시절을 다룬 《7막 7장》(홍정욱, 삼성출판사, 1993)이라는 책으로 인해 전국이 조기교육 열풍의 몸살을 앓았었다. 초등학교 시기에 외국어와 음악과 운동을 미리 시작하면 좋다는 말에 힘입어 선행학습과 조기유학의 붐이 일었고, 기러기 아빠가 많이 생겨났었다. 조기유학은 비용의 문제로 수그러지긴 했으나, 조기교육과 선행학습은 여전히 우리나라 사교육의 대표 커리큘럼이 되었다. 그러나 이런 사교육, 조기교육의 효과는 미비하고 폐해는 심각하다.

EBS 특집으로 기획되어 제작된 《놀이의 기쁨》(김동관, 홍난숙, 그린하우스, 2020)에 따르면 "나이에 맞지 않은 조기교육이 아이의 뇌 발달을 방해하고 스트레스 호르몬을 분비해 뇌의 신경세포가 제대로 발달하지 못하게 가로막는다는 것이다. 사교육을 많이 할수록 창의력이 떨어진다"라고 한다. 저자의 다른 책 《놀이의 힘》(EBS 제작진, 김동관, 홍주영, 성안당, 2020)에서도 저자는 "배움을 받아들일 충분한 토대를 쌓지 못한 채 억지로 주입한 지식은 아이들에게 부정적 영향을 미친다. 유아기에는 전두엽 발달에 초점을 맞춰야 하는데, 조기교육은 전두엽 발달에 치명적인 부작용을 일으킨다."라고 말한다. 사교육 시장의 성장세는 부모들이 가지는 자녀의 미래에 대한 불안과 아울러 내 아이가 남보다 많이 뒤처질까 하는 불안감으로 팽창해 왔다. 현재는 사교육 시작의 연령대가 심히 낮아져서 영아기인 생후 10개월 때 조기교육을 시작한다고도 한다. 그러나 아이들의 뇌가 튼튼하게 강화되어 학습을 받아들일 만한 준비가 된 상태에서의 인지 학습이 진짜 학습이 된다. 반대로 아이의 뇌 발달이 아직 충분히 준비되어 있지 않다면 조기교육과 선행학습은 아이들에게 장기적으로 부작용만 발생시킨다. 그보다는 요즘은 잘 놀고 호기심을 마음껏 충족한 아이들이 훨씬 창의적이라는 것이 밝혀졌다.

놀이의 주도권은 어디까지나 아이에게

그러면 잘 논다는 것의 의미는 무엇일까? 나는 무엇보다 부모의 간섭과 통제가 없이 노는 것이 잘 노는 것의 핵심이라고 생각한다.

놀이에 관한 많은 책도 내 생각과 마찬가지로 놀이의 재미와 즐거움을 느끼기 위해서는 부모의 간섭과 통제를 배제해야 한다고 말한다. 부모가 주도권을 쥐면 "그만해!", "하지 마!", "저거 해!"하며 놀이를 재미있게 하는 아이에게 잔소리만 해댈 게 뻔하기 때문이다. 놀이에서 아이가 주도적으로 놀지 못했을 때, 아이는 자신감과 책임감이 부족한 아이로 자란다. 엄마가 아이에게 아이 스스로 할 수 있는 것조차 다 해주게 되면 아이는 경험을 많이 쌓지 못하게 되어 자존감이 낮아진다. 아이들이 주도권과 선택권을 가진 주체가 되어서 놀이를 스스로 선택하고, 스스로 결정하도록 해야 한다.

아이들이 스스로 주도권을 가지고 놀 때, 놀이는 즐겁다. 놀이에서만큼은 주체는 아이이고, 아이가 주도권을 쥐어야 재미있고 즐겁다. 아이들이 자기 놀이에 집중할 때 부모의 간섭이나 방해가 반복된다면 아이는 어떤 놀이에도 흥미를 보이지 못하고 놀이에의 참여조차 회피하는 심각한 문제가 발생할 수도 있다. 부모는 사랑이라는 명목이든, 부모의 마음에 안 드는 놀이라는 명목이든 놀이에 간섭했던 그 모든 방해를 그만 멈춰야만 한다. 왜냐하면, 아이에게는 아이의 손길이 닿는 모든 것이 다 놀이가 되는 소중한 경험을 하기 때문이다. 그래서 부모의 역할은 반 발짝 떨어진 곳에 있는 응원부대로 남아 있어야 할 것이다.

잘 논 아이들이 잘 큰다

  엄마 아빠가 아이들을 지켜보기만 하는 것은 한편으로는 힘든 일이다. 부모가 조금만 도와주면 훨씬 빨리 신발도 신을 수 있으며, 밥도 빨리 먹을 수 있고, 옷도 더 빨리 입을 것이며, 계단도 더 쉽게 올라갈 수 있을 것이다. 조금 뒤처지는 아이가 안쓰러워서 나서서 도와주려고 한다. 그러나 아이에게 조금의 인내를 갖고 지켜보아 준다면 아이는 잘 해낼 것이다.

  어릴 때 놀이는 너무 중요하다. 아이들은 놀이를 통해서 세상을 배우는데, 세상은 경쟁과 어려움의 연속이다. 아이들은 함께 놀면서 문제를 해결하기 위해 친구와의 갈등을 정리하고, 서로 의견을 나누면서 토라졌다가 타협하면서 세상을 배워나가고 삶을 알아간다. 인간관계와 타협의 기술, 도전과 재도전의 기회 역시 놀이를 통해서 스스로 배워나간다. 이런 배움 가운데 아이들은 실패하더라도 괜찮아, 어려워도 괜찮다며 할 수 있다는 자신감과 아무리 어려워도 포기하지 않는 자존감 높은 아이로 자라게 되는 것이다.

자존감은 자신을 존중하는, 자신을 가치 있다고 생각하는 마음인데, 크고 작은 성취감을 맛보면서 자신이 유능하다는 유능감을 느끼게 될 때 생겨난다고 한다. 어린 시절의 이런 유능감은 아이의 인생 전반에 지대한 영향을 끼치게 되어 주도적으로 인생을 이끌어가는 아이가 될 것이다. 결국, 놀이란 한 인간이 자아 중심적인 사고에서 탈피하여 사회적 인간으로 나아가는 여정일 것이다. 놀이란 그 여정에서 세상의 모든 것들을 알아가고 배워 나갈 것이다.

아이는 하나의 독립된 존재이다. 아이는 나의 소유가 아니다. 아이를 통해 내가 무엇이든 보상받고자 한다면 그것은 사랑만으로 충분할 것이다. 아이들을 나의 자랑이나 내가 이루지 못한 꿈의 대행자로서 생각하는 순간부터 우리는 불행한 경쟁을 시작하게 되는 것이다. 숲속놀이터의 놀이 안내처럼 아이와 반 발짝 떨어져서 아이가 도움이 필요할 때나 격려가 필요할 때 응원하며 지지해 주고 조언도 해준다면 아이가 독립적이며, 창의적으로 성장할 것이다.

정서 지능은
교감으로 높아진다

아빠인 나는 몰랐다

　딸아이가 유치원 다닐 때 일인데, 유치원 버스를 놓친 날에는 내가 출근길에 딸아이를 유치원에 등교시키곤 했었다. 바쁘게 준비하여 딸아이를 데리고 갈 때 서두르며 앞장서는 나의 손을 뒤로 한 채 딸아이는 길가 쪽에 쪼그리고 앉아 무언가를 쳐다보곤 했었다. 나는 늦었다며 재촉해서 부르곤 했었는데 딸아이가 유치원에 가기 싫어서 저러는가 생각하여 딸아이를 안다시피 하면서 유치원에 등교시키곤 했었다. 어느 날 아침에 또 그렇게 무언가를 쳐다보는 아이에게 다가가 "무얼 보고 있는데?"라고 물으니 푸른 이끼가 예쁘고 그 옆에 꼬리를 물고 지나가는 개미를 보고 있다고 말했다. 딸아이에게는 너무나 신기한 광경이었던 모양이었다.

그런데 그때의 나는 딸아이의 감정을 이해할 수가 없었다. "응, 그래, 이끼도 있네! 개미도 있고…"하며 아무 감흥 없이 딸아이를 유치원에 들여보내기 바빴다.

어느 봄날, 작업실에 아이들을 위한 조그만 수영장을 만들어주고자 근처의 모든 풀을 불도저로 싹 다 갈아엎은 적이 있었다. 그때 딸아이가 아주 서럽게 울었는데, 처음엔 울음의 이유를 몰랐었다. 나중에야 그 이유를 알았는데, 수영장 근처에 이름 모르는 잡초를 딸아이가 소중하게 키우고 있었다는 것이다. 아이는 시시하고 쓸모없어 보통은 쳐다도 안 보는 잡초에다 온 신경과 관심을 몰두하고 있었는데, 아빠인 나는 이 사실을 아예 몰랐다.

상호작용은 아이가 바라보는 것을 바라보는 것이다

아이가 풀 한 포기에라도 애정과 관심을 보인다면 그건 단순한 풀 한 포기가 아니다. 아이의 눈길과 손길을 조금만 관심을 가지고 지켜보았더라면 아이의 관심 대상이 무엇인지 보였을 것이고, 그러면 아빠인 나에게도 소중함 그 자체이지 않았을까! 아무리 풀 한 포기라도 말이다. 이 일은 내내 머리를 떠나지 않았다. 상호작용은 아이가 바라보는 것을 바라보는 것이고, 아이의 행동 하나하나에 의미가 있는 것으로 알아주는 것이어야 한다. 그 소동이 있었던 후, 딸아이를 지켜보니 딸이 작업실에 놀려고 오게 되면 특별한 풀에다 물을 주는 게 보이곤 했다. 그래서 그 후에는 딸아이가 관심을 가지고 키우는 그 풀에 같이 관심을 두고 딸아이가 한동안 오지 못할 때는 내가 대신 물을 주곤 했다. 그런 날이면 집에서 딸아이에게 그 풀의 소식을 전하기도 했다. 그런 날은 왠지 딸아이와 더 깊은 소통을 나눈 것 같이 기분이 좋아졌었다. 딸아이도 아빠에게 고마움을 표현하기도 했었다.

부모는 아이들의 모든 말 한마디 한마디와 행동 하나하나를 소중히 생각하고, 애정과 관심으로 옆에서 지켜보도록 하자. 따뜻한 눈빛으로 아이의 눈을 맞춰 사랑을 표현하고 아이의 감정을 인정하는 일도 빼놓지 말자. 아이의 시선이 닿는 것에 부모의 시선도 함께 움직이다 보면 조금 더 아이의 감정을 이해하게 되며 더 좋은 상호 관계를 맺을 수 있을 것이다.

정서지능은 아이들의 기초공사이자 생애 첫 단추

옷 입을 때 첫 단추를 잘못 끼우면 계속 어긋나게 되듯이 우리 인생도 첫 단추를 잘 끼워야 기초공사가 잘된 건물처럼 튼튼하고 건실한 인생이 만들어질 수 있다. 여기에서 첫 단추나 기초공사는 다름 아닌 정서지능이다. 인지지능이 비행기의 성능이라면, 정서지능은 조종사의 실력이라고 할 수 있다. 비행기의 성능이 아무리 좋아도 탁월한 조종 실력이 없는 사람이 비행기를 운전한다면 그 비행기에 사고가 일어나는 게 당연할 것이다.

정서지능은 인생이라는 항로에서 실력 있는 조종사가 성능 좋은 비행기를 운항하는 것과도 같다. 정서지능이 높은 아이들은 자신의 감정을 표현하며, 행동을 조절할 줄 알고, 긍정적인 사고를 하며 쉽게 실패, 포기, 좌절하지 않으며, 실패하더라도 회복 속도가 빠르다. 게다가 타인의 감정에 공감할 줄도 알고, 타인과 대화로 소통해 나갈 줄 알며, 문제해결도 대화로 할 줄 안다. 이런 정서지능은 아이들이 앞으로의 삶을 살아갈 때, 중요한 요인이 된다.

어떻게 정서 지능을 키울 수 있을까?

모든 부모는 가정 안팎에서 자녀들이 정서적으로 모가 나지 않는 반듯한 아이로 자라길 바란다. 그것은 정서 지능이 높은 아이들이 사회적으로 성공하는 리더로 성장할 가능성이 커서이다. 그러기 위해 가장 중요한 것이 나는 교감과 상호작용이라고 생각한다.

부모가 할 수 있는 가장 쉬운 교감은 경청과 공감하기다. 부모가 "어르릉 까꿍~"하며 아기 때부터 스킨십이나 눈 맞춤을 하면서 많이 놀아주고 충분한 사랑을 느끼도록 교감을 해줄 때 아이는 부모와 좋은 관계를 맺어나가게 되는 것이다. 아기와 눈 맞추고 스킨십하는 것, 부모의 반응을 아이에게 즉각 보여주는 것, 이것이 애착을 형성하는 지름길이다. 그리고 이런 애착 형성이 아이의 정서 지능을 높인다.

부모와의 애착 관계는 생후 두 살 무렵에 형성된다고 한다. 부모와 좋은 관계를 맺으면 아이는 스트레스나 불안감이 없는, 감정이 안정적인 아이로 자라게 된다. 아이를 어떻게 양육해야 할지를 모르는 부모가 아이에게 충분한 상호작용을 주지 못하면 아이의 마음에는 화가 쌓여 애정 결핍이 된다. 결국엔 화가 쌓여서 분노가 되어 공격적인 에너지를 표출하게 되니, 부모는 아이의 말에 경청하여 귀 기울여 주고, 많이 안아 주고, 따뜻하게 공감해 주고, 또한 격한 놀이를 통해서 부정적인 감정이 해소될 수 있도록 아이와 많이 놀아주어야 할 것이다. 부모는 아이의 감정 상태를 세밀히 살펴 기민하게 표현해 주어야 할 것이다. 그리고 아이가 부모에게 얘기하고자 할 때는 시선을 맞추며 충분한 관심을 보여주어야 할 것이다. 부모가 아이를 사랑하고 있음에도 충분한 상호작용의 부족으로 인하여 아이에게 애정 결핍이나 부정적인 감정이 생길 수도 있으니 부모는 아이가 아이 자신이 소중한 존재임을 알도록 사랑과 관심을 꾸준히 보여주자.

교육학자 이영숙은 《성품 양육 바이블》(물푸레, 2010)에서 교감의 중요성(부모와 아이의 상호작용의 중요성)에 대해 이렇게 강조한다.

"새로운 것에 도전하기를 꺼리는 사람들의 모습 뒤에는 부모에게 혼난 기억이 잠재되어 있다고 한다. 부모와 재미있게 이야기하고 놀아본 경험이 있는 부모는 내 아이와도 재미있게 놀아주고 몸으로 함께 해줄 수 있다고 한다. 반면에 부모에게 응석을 부리지 못하고 감정을 이해받지 못한 부모는 내 아이와도 어떻게 놀아주어야 할지 어디로 데리고 가야 좋아할지 모른다는 것이다."

저자의 말처럼, 부모와 재미있게 놀아 본 아이들은 다르다. 정서 지능은 아이가 세상을 살아가는 데 큰 에너지가 되어줄 것이다.

아이는 공감을 통해 존중받는다는 느낌을 가지게 된다. 아이를 존중하려고 하면 먼저 부모의 실수를 인정하여야 한다. 아이가 어릴 때는 부모도 어렸기에 처음 키우는 아이를 어떻게 양육할지 잘 몰라서 헤매는 것은 당연하고, 부모도 실수할 수 있음을 인정도 하고 아이를 키우면서 아이도 부모도 함께 성장해 가게 된다. 어느 누구도 완벽한 인간은 없다. 그리고 아이의 실수도 마음 편하게 인정하여야 한다. 그러면 아이의 실수에도, 설사 반복되는 실수일지라도 아이를 믿고 기다려 주게 된다. 아이들이 당장은 말을 안 들을지라도 아이를 믿고 기다려주면 결국은 자신을 기다려주는 부모의 말을 인정하게 된다. 그래서 아이들 자신이 소중한 존재, 사랑받는 존재임을 알게 된다.

아이는 언제 존중받는다는 생각을 하게 될까? 바로 아이의 입장이 되어 주는 공감이 있을 때이다. 공감은 아이를 존중할 때 가능해진다. 사전적 의미로 '공감'은 '남의 감정, 의견, 주장 따위에 대하여 자기도 그렇게 느끼는 기분'이다. 공감은 타인의 상황과 기분을 같이 느낄 수 있는 것이다. 아이의 감정과 생각과 의견이 인정받을 때 아이는 존중받는다는 생각과 가치 있는 인간이라는 인상을 느끼게 된다. 그래서 부모는 아이와 함께 시간을 보내면서 아이와 눈을 맞추고 아이의 감정에, 마음에, 말들에 맞장구를 치며 관심과 공감을 표현해 주어야 한다. 아이의 실수도 "그럴 수 있어"라며 넘어가 주는 부모의 여유로움도 필요하다. 아이들의 마음이 이해받는다고 느낄 때가 아이들이 존중받을 때이다. 그것은 아이라는 이유 그 자체만으로 존중받을 때이지, 비교와 서열화와 경쟁에서의 승리로 인한 것은 아닐 것이다. 우리나라 아이들은 경제적으로는 풍요해진 부분도 있지만, 학업 스트레스로 인한 행복 지수는 전 세계 국가 중 최하위권에 속한 지 오래다. 자살률이 부동의 1위가 된 지는 꽤 오래되었다. 우리나라 사회는 집단주의 특성이 강해서 늘 집단 어디쯤 속해 있어야 안심이 되고, 비교로 인한 집단의 서열화에 익숙해져 있다. 서열화에 익숙하다고 해서 열등감이나 상처가 없는 것은 아니다. 경쟁을 벗어났다고 해서 열등의식이 없거나 사라진 것은 아니다. 이스라엘에서 제일 존경받는 직업이 랍비와 정신의학과 의사라고 한다. 아마도 랍비는 그에게서 지혜로운 말을 배울 수 있어서이고, 정신의학과 의사는 사람의 마음을 다듬어 주고 치유해 주기 때문인 것 같다. 인간의 삶의 목적은 행복이다. 〈아이의 정서지능〉(EBS다큐프라임제작팀, 지식채널, 2012)에 따르면 인간은 본성적으로 공감을 통해 서로 이해하고 협력할 때 가장 큰 행복을 느낀다고 한다. 이렇게 이해되고 공감받은 아이는 타인을 공감하고 이해를 잘할 수 있다. 타인의 유대감과 장점을 잘 이끌어내는 아이는 자신의 삶을 주도적으로 리드하는 아이가 될 것이다.

루브르 박물관 대기줄을 서지 않아도 되는 이유

"당신은 임신부인가요?"

아내와 나는 프랑스 유학 중에 아이를 가졌다. 아내는 불문학도로 소르본 3대학에서 박사과정을 하고 있었다. 그래서 유학 중 임신이 걱정되신 장인·장모님께서 프랑스로 처형을 보내 아내의 건강 상태를 확인하고 싶어 하셨다. 그렇게 처형이 걱정 반 기대 반으로 놀러 오셨고, 우리는 프랑스에 처음 온 처형을 위해 루브르 박물관을 관람하기로 했다.

6월 한낮의 루브르 박물관은 기다리는 관객들로 엄청나게 긴 줄이 있었다. 그때 아내는 쫄쫄이 드레스로 임신부임이 드러나는 원피스를 입고 있었다. 그 원피스 차림으로 공항에 마중 나온 아내를 처형이 처음 보았을 때 깜짝 놀라며 "어머, 창피하게 몸이 다 드러나네"라며 핀잔을 주었다. 그러나 대부분의 프랑스 임신부들은 그렇게 다 쫄쫄이 형식의 몸에 착 달라붙는 원피스를 입었다. 지금 생각해 보면 아마도 임신부임을 드러내는 것이 창피하기는커녕 오히려 자랑스러웠기 때문이었던 것 같다.

우리가 한 10분 정도 대기줄에서 기다리고 있을 때였다. 검은 정장을 입은 보안요원들이 다가와서는 대뜸 이렇게 묻는 것이다.

"당신, 임신부인가요?"

그들은 아내를 가리키며 임신부인지 물었고, 임신부가 맞다고 하자 일행이 몇 명인지 확인한 후에 우리를 루브르 박물관 지하 매표소 입구까지 친절하게 안내해 주었다. 우리 부부는 입장료도 내지 않았다. 당시 나는 미술학교 학생이어서 입장료 무료 혜택을 받을 수 있었지만, 미술학교 학생 신분이 아닌 아내까지 무료라는 게 의아했었다. 그러나 알고 보니 프랑스는 임신부에게 문화관람료 혜택뿐만 아니라 경제적 지원까지 주고 있었다. 우리 부부에게 루브르 박물관은 어마무시한 고대 유물보다 이렇게 배려 받고 혜택 받은 기억이 더 크게 남은 곳이 되었다. 더구나 우리는 프랑스인도 아니고 유학생 신분이었는데도 이 모든 혜택이 평등하게 적용되었다는 사실에 많이 감동하였던 기억이 난다.

경제적 혜택보다는 아이에게 존중과 배려를

　임신부에게 보이는 혜택들은 프랑스에서의 급격한 출생률 하락으로 인해 시작되었다. 출생률의 급격한 하락에 놀란 프랑스 정부와 국민들의 사회적 고민의 결과가 이런 다양한 정책으로 돌아온 것이다. 그래서 프랑스에서는 외국인까지도 포함하여 프랑스에서 태어날 미래의 프랑스인 아기들에게 경제적, 사회적, 의료적 지원과 혜택을 아낌없이 제공했다. 나는 그 일환을 루브르 박물관의 '프리 패스 입장'으로 톡톡히 경험한 셈이었다.

　우리나라도 현재 세계 최저 수준의 저출산율로 정부의 고민이 깊다. 각 지방자치단체별로 출산장려지원금이나 복지 혜택을 늘리고 있는 실정이나, 경제적인 혜택만으로 출산율을 높이기에는 한계가 있다. 몇 년 전에는 한 지자체가 두 자녀부터 지원금을 얼마씩 지원한다는 '아동수당' 때문에 부부들이 아기를 일부러 많이 낳는다는 이야기가 돌기도 했다. 실제로 몇몇 이들은 아동수당을 받으려는 의도로 계획에 없던 아이를 출산해 일시적으로 신생아 수가 증가한 지역이 있었던 것도 사실이다.

　하지만 프랑스에서 임신부의 권리에 대해 충분한 배려와 혜택을 경험해 본 우리로서는 출산 정책이 일회적인 아동수당이나 경제적인 지원만으로 늘지는 않는다는 것을 알고 있다. 경제적 혜택보다도 더 중요한 것은 사회에서 경험하는 임신부와 아이들에 대한 존중, 생명의 가치와 존엄성에 대한 중요성이라는 것을 경험해 보았기 때문이다.

프랑스를 비롯한 선진국들의 아동 인권 수준은 상당하다. '나이가 어릴수록 더 존중받고 보호받으며 배려받는 사회'가 오지 않는 한, 저출산율은 쉽게 극복되지 않으리라 생각한다.

우리나라에서는 지금도 가끔씩 보이는 '노키즈존'이라는 안내판 있는 상점이나 시설들을 보면서 흠칫 놀랄 때가 있다. 6~7살 정도의 어린아이들이 공공장소에서 울기도 하고, 소리 지르고 생떼를 써서 부모의 통제로도 제어가 되지 않는 경우가 자주 있는 일이었기에 오죽하면 '노키즈존'이라고 했을까 하는 심정도 이해하기는 한다. 하지만 이런 현상들이 인구 절벽으로 가고 있는 한국의 상황을 부채질하는 것 같아, 아이를 키우고 있는 처지에서 이같은 안내 문구를 마주하는 날엔 가끔씩 힘이 빠진다.

아무튼 사회적으로 아이들에 대한 존중과 배려로 아이들을 정말 귀하게 생각하며, 아이에게 따스한 미소를 보내는 것이 무엇보다 중요한 일일 것이다. 우리 사회의 임신부에 대한 존중과 배려가 형식을 넘어서 진정성과 진심을 갖춘 사회가 될 때, 우리는 더는 세계 최저 출산 국가에 머물지 않을 수 있게 될 것이다. 무엇보다도 온 국민이 다음 세대에 대한 존중과 격려를 담아 진심으로 출산을 바라는 사회가 될 때, 프랑스가 출산 정책에 성공해서 오늘날 유럽에서도 출생률이 높은 나라가 되었듯이, 우리나라도 아이와 산모에 진심일 때 함께 미래에 대한 기쁜 꿈을 키워볼 수 있을 것이다. 아프리카 속담에 "한 아이가 크기 위해서는 온 마을 사람들의 힘이 필요하다" 하지 않았는가?

산모 혜택의 저변에는 관용이 깔려 있다

프랑스어에 '톨레랑스(tolérance)'라는 단어가 있다. 이 단어는 '관용'이라는 의미로 '참는다(tolérer)'에서 나온 명사이다. 관용은 참을성을 가지고 관대하게 허용하는 것이다. 톨레랑스라는 이 용어는 예전에 《나는 빠리의 택시운전사》(홍세화, 2006)라는 책을 통해서 소개되었기에 굳이 프랑스에 관심 있는 사람이 아니더라도 일반인에게도 제법 많이 알려진 프랑스어이다.

톨레랑스의 한 사례로서 현재 우리나라처럼 60km 제한속도는 보통 10km까지는 과속이 되어도 봐주는 경우를 들 수 있다. 불문학도였던 아내에게 프랑스인에 대한 의견을 물으면 아내는 여러 번, "프랑스 사람은 이중적인 게 일본 사람과 닮은 점이 많다"라고 했었다. "프랑스 사람들은 위선적이다. 겉과 속이 다르다"라는 의미였다. 그래서 나는 아내가 느끼는 이중적인, 혹은 속 좁은 프랑스 사람과 달리 왜 '관용'이라는 말이 프랑스를 소개하는 대표적 단어가 되었을까를 생각한 적이 있었다.

프랑스에는 철학이나 문학의 한 사조로 '구조주의(structuralism)'가 있다. 구조주의를 간단하게 설명하면, 프랑스령에 속한 각각의 나라들에는 사회문화적인 면에서 구조나 관계망이 존재하는데, 그 구조와 서로의 관계망 안에서 모든 것을 바라보아야 의미를 찾을 수 있다는 것이다. 구조주의 이전의 철학사에서는 개체의 고유성에 기반해 의미가 부여됐었다면, 구조주의 철학에서는 관계나 구조에 기반해 의미를 찾게 된 것이다. 이런 철학을 기반으로 하고 있기에,

프랑스 사회는 그들의 구조 안에서 벌어지는 일들을 의미있게 받아들이고 관대하게 허용할 수 있게 되었다. 프랑스 사람들은 프랑스령의 나라 사람들을 대할 때 그들도 그들 나름의 관계망을 가진 사람들, 즉 의미가 있는 사람들로 이해했기에 관대하게 품어 주고, 이해하게 된 것이 아닐까 하고 나름 생각하게 되었다.

나는 프랑스의 톨레랑스의 출발이 여기에서 비롯되었다고 생각한다. 프랑스령의 각 사회에서 나타나는 모든 다양성을 이해하고 보니 각각의 다름을 인정하는 관용이 생겨나지 않았을까? 이렇게 관용은 같은 만족에서만 아니라 다른 민족에게도 적용되어서 동등하게 평가하는 기준으로 만들어졌을 거라고 관용 발생의 근거를 나름대로 생각했었다. 이러한 구조주의 안에서 생겨난 관용의 모습이 사회적, 경제적으로 산모의 혜택에도 나타난 것이며, 사회에서 가장 약한 아이에 대해서도 어른과 동등한 인간이라는 가치관이 생기게 되었을 것이라고 생각한다. 어찌 보면 사회의 약자인 산모와 아이들을 존중하고 배려하는 이유가 단지 약자여서가 아니라, 다른 모습의 인간으로, 모든 인간은 소중하다는 의미로 읽힌 것이라고 생각한다.

우리는 흔히 아이를 바라볼 때 마냥 어리고 귀엽거나 혹은 내가 만만하게 대해도 되는 대상으로 생각한다. 사회가 어른들 중심의 세상이다 보니 아이들은 신체적으로 약하고 미성숙한 존재라고 무시와 홀대, 심지어는 해를 끼치는 경우도 있다. 그러나 아이는 하나의 독립된 존재이고, 어른들이 지켜주며, 존중하고 동등하게 대해야 할 대상이다. 아이를 우리 사회가 하나의 인격체로 제대로 대우할 때 아이의 희생을 막고 아이는 우리 미래 사회의 커다란 버팀목으로 성장해 줄 것이다.

교수와 학생이 수업 시간에 눈을 부라리며 무슨 이야기를 할까?

불 좀 주세요

프랑스 유학 시절 다녔던 낭시에콜데보자르(낭시 국립미술학교)의 첫 수업 시간이었다. 학교는 고풍스러운 건물 탓에 고즈넉한 분위기를 자아냈다. 나는 아름다운 학교 모습을 가슴에 담고 잔뜩 긴장하며 교실로 들어섰다. 모두가 반갑게 맞아주었다.

강의가 시작되고 교수님의 열강이 첫 수업부터 시작되었다. 그렇게 강의가 진행될 때쯤 너도나도 담배를 피우기 시작했다. 그런데 한 학생이 앞에서 열강하고 있는 교수님에게 라이터를 달라고 하는 것 아닌가. 그 모습도 놀라웠는데, 교수는 아무렇지도 않게 주섬주섬 바지에서 라이터를 꺼내더니 그 학생에게 던져주었다. 진짜 전혀, 아무렇지도 않게 마치 친구에게 주듯이.

그리고 이어지는 시간은 학생과 교수의 불꽃 튀는 논쟁 같은 토론 수업이었다. 학생은 교수와 당당하게 똑같은 위치에서 격렬하게 의견을 교환했다. 정신없이 수업을 끝낸 후 강의가 끝나자 모두가 처음과 같은 분위기로 친절히 헤어졌다.

그렇게 첫 강의의 충격적 기억으로 난 먼 곳에 오기는 왔다는 것을 깨닫게 되었다.

깜짝 놀란 군사부일체

'군사부일체'의 전통이 많이 사라졌다고 하나 유교적 가치관을 가진 나는 보자르에서의 선생과 학생 사이에 맞담배 피우는 일은 예의가 없다고 생각한 것 이상으로 오히려 이상하기까지 했다. 요즘이야 교권 추락이니 교권 침해라는 말이 있지만, 30여 년 전의 선생님은 그림자도 건드리면 안 되는 그냥 '스승' 그 자체였다. 그런데 바다 건너 프랑스에서는 선생의 권위도, 선생의 권력도 없이 그냥 일대일로 선생과 학생 간의 격렬한 토론을 벌였으니 처음 본 광경에 많이 당황할 수밖에 없었다.

무엇보다 인상 깊은 것은 선생이든 학생이든 강의실에서는 서로 동등하게 대우하고 서로가 거리낌 없이 자기주장을 펼친다는 사실이었다. 토론의 자리라면, 교수라고 해서 주장에 무게가 더 실리는 법은 없었다. 논리가 정연한 사람, 의견이 합당한 사람이 있을 뿐 지위가 지배하는 일은 없었다. 이 장면을 보면서 우리와 참 다르다는 것을 느꼈다. 지금은 우리나라도 동등한 관계에서 학과 수업이 이루어지고 있지만, 내가 공부하던 당시만 해도 이런 일은 드물었다.

프랑스에서는 모두가 평등해 보였다. 건물 청소부 아저씨도 사장이 지나간다고 해서 전혀 주눅 들지 않았고, 학식이 높은 교수일지라도 일개(?) 학생과 일대일로 다투듯 의견을 나누는 모습이 아주 자연스럽게 벌어졌다. 우리나라에서 자주 벌어지는 지위와 권력에 의한 '갑질' 같은 것이 프랑스선 거의 없었다.

왜 갑질이 없을까? 왜 한 인간이 다른 인간을 누르는 그런 일이 없는 걸까?

그건 프랑스에서 일관되게 지켜지고 있는 '인간 평등', '인간에 대한 동등함' 때문일 것이다. 그리고 인간 평등 정신은 인간과 인간 간의 연대감이 충만해서일 것이다. 프랑스 대혁명을 겪으면서 자유, 평등, 박애가 중요한 이념으로 등장했고, 이 이념들은 이들의 생활 안에 고스란히 녹아져 있었던 것이다. 인간은 기본적으로 소중한 존재로 태어난다는 점에서 모두가 동등하다는 것을 직접 경험했기에 '갑을 관계' 없이 일대일로 동등한 관계를 맺고 연대할 수 있었던 것이다.

인간에 대한 동등함은 비교의식을 버리게 한다

 인간의 동등함은 남과의 비교의식이나 경쟁의식도 필요 없게 만들어준다. 우리는 작은 땅덩어리에 살다 보니 서로에 대한 비교의식과 과도한 경쟁으로 이미 수많은 대가를 치러 왔고, 지금도 과도한 경쟁으로 인한 대가는 여전히 진행 중이다. 예전보다 나아졌다고는 하나, 여전히 1등부터 줄 세우는 교육 정책, 0.1점 차이로 등급을 가르는 학업 평가 등 진전된 것은 보이지 않는다.

 YTN의 기사에 따르면, 《세계행복보고서 2023》에서 한국은 행복지수가 OECD 국가 38개국 중 35위로 최하위권이며 "행복하냐"라는 질문에는 57%만 행복하다고 대답한다고 한다. 통계청이 발표한 《한국의 사회동향 2022》에 보면, 아동, 청소년의 삶의 만족도는 OECD 국가 중 최하위라는 발표가 있다. 아동, 청소년의 삶의 만족도가 최하위라는 것은 아이들의 삶이 전혀 행복하지 않다는 것이다. 공부에 치여 스트레스를 해소할 개인 시간이라고는 눈곱만큼도 없이 부모의 과잉 통제 속에서 일상을 보낸다는 게 우리 아이들의 현주소일 것이다. 게다가 출산율은 또 어떤가? 신혼부부들은 출산하여 자신의 자녀들이 행복하지 않은 삶의 레이스를 살게 하고 싶지 않은 마음으로 출산율은 날이 갈수록 낮아지는 것일 테다. 통계청이 발표한 23년 6월 인구 동향을 보면 합계출산율이 0.7명으로 역대 가장 낮은 수치라고 한다. 이런 출산율 수치라면 인구 절벽을 넘어 조만간에 한국이 사라질 수도 있다는 암울한 진단도 나와 있는 형국이다. YTN 기사에 의하면 세계적인 인구학자 데이

비드 콜먼 교수는 우리나라 인구감소의 심각성을 얘기하면서 세계 최저의 출생률의 원인을 동아시아 여러 나라처럼 가부장적인 남성 중심적 유교 문화, 과도한 업무와 경쟁 중심의 교육 환경의 영향으로 본다고 말했다. 2~30년 전과 비교해 봤을 때 여성이 남성보다 훨씬 더 많이 가사와 양육의 부담을 지는 것은 시대가 변해도 여전히 바뀌지 않고 있다. 여성에 대한 인식이 많이 나아지긴 했으나 아직도 갈 길은 멀어 보인다. 아이들에 대한 인식도 마찬가지이다. 어린이날이 제정된 지 100년이 넘었지만, 아이들에 대한 존중은 사회적 인식이나 사람들의 사고에서 쉽게 찾아볼 수 없다. 단지 아이는 약하고 작고 미성숙한 존재, 사회적 약자라는 인식만 있을 뿐이다.

경제 규모 세계 10위권 국가이지만 우리나라가 물질적 풍요로움 속에 있다 하더라도 사회와 학교에 만연한 비교의식과 치열한 경쟁, 그리고 가정에서의 기대치로 우리 아이들은 상당히 위축되어 있다. 심리적인 이유로 인해 공황장애 같은 질병 있는 환자들이 그렇게 많다고 한다. 우리나라는 심각한 경쟁사회이다. 최근 한국은 행의 《2023 초저출산 보고서》에 따르면, 그 원인으로 청년층이 느끼는 극심한 경쟁 압력과 불안감, 즉 고용불안, 주거불안, 양육불안을 꼽고 있다. 우리나라에는 어떤 것보다도 출산 정책을 위해서라도 인간에 대한 동등함과 인간이라는 서로의 연대감이 자리를 잡아야 청년들이 결혼하고 출산을 하는 아름다운 일들이 생겨날 수 있으리라 확신한다. 우리 각자가 인간에 대한 동등함으로 무장한다면 남들과 비교하는 삶에서 벗어날 것이고, 그러면 우리 사회는 훨씬 더 가치 있는 것에 삶의 무게중심을 두고 살아갈 수 있게 될 것이다.

아이는 독립된 인격체다

아이들에 대한 인권도 '인간은 모두 동등하다'라는 생각의 연장선상에 놓는다면 지금보다 훨씬 행복한 아이들이 많이 생겨날 것이다. 아이는 행복하기 위해 이 세상에 태어났다. 그리고 아이는 이 세상에 태어나는 그 순간부터 이미 개별적이고 독립된 존재이다. 아이는 보호받아야 하는 존재이기도 하다. 하지만 어른에 종속된 존재는 아니며, 오히려 존재만으로 어른과 동등한 관계라는 입장을 가지고 있는 것이다.

우리나라에서 부모는 아이의 양육자이지만 동시에 자녀는 부모의 것이라는 소유 개념도 가지고 있는 것을 보게 된다. 자녀를 혈육의 관점에서만 보니 자녀에 대한 소유 개념이 생긴 듯하다. 자녀에 대한 강압과 명령, 억압이 흔한 것은 자녀를 수직적 관점에서만 보기 때문이다. 안타깝게도 점수와 등수의 이미지가 아이에게 투영되어 아이를 바라보게 되는 일도 있다. 우리나라에서 아이들의 삶은 마치 학습하기 위해서만 태어난 것처럼 경쟁의 압박으로 인한 스트레스와 피곤의 연속이라고 할 수 있다. 학교에서 학원으로 공부에 치이던 생활은 방학 기간에도 마음 푹 놓고 체력이나 원기를 회복하는 휴식이 되기가 쉽지 않다. 방학에는 더 촘촘한 방학 스케줄이 아이들을 기다리고 있기 때문이다. 경쟁에 대한 스트레스 해소 없는 이러한 고통의 삶은 10대와 20대를 거치면서 정리되기는커녕 반드시 표출된다는 데에 그 문제점이 있다. 부모의 보호 아래에서 속으로만 삼켜지던 고통의 삶은 육체적으로 더 단단해지면서 부모의 보호도 필요하지 않게 되는 어른의 나이에 내부나 외부로 표출되는 문제가 될 수도 있다.

아이는 성장하여 청소년을 거쳐 어른이 된다. 그 시기 하나하나가 아이들이 자기만의 개별적인 독립성으로 빛나는 시기이며, 나름의 가치관과 세계관을 정립해 나가는 시기다. 아이는 태어나면서 가정이라는 작은 사회 속에서 성장하고, 점점 자라나 학교에 이어 사회에 속하게 된다. 아이의 어릴 때 환경은 너무나 중요해서 인성, 정체성, 사회성의 기초가 되는 것은 당연하다. 이 시기에 아이가 경험하는 좋은 순간들은 훌륭한 인성과 괜찮은 사회성으로 만들어질 것이기에 아이들을 하나의 독립적인 존재로 인정해 주고 존중하여야 한다. 아이들을 인정하고 존중하려고 마음 먹고 작정하면 아이들이 이해되고 납득이 될 것이다.

모든 인간은 동등하기에 작고 약한 아이더라도 생각과 감정이 있는 하나의 독립된 인격체로 존중받아야 한다. 아이는 혼자서 세상을 헤쳐나갈 능력이 있지는 않지만, 아이에게도 아이의 권리가 있음을 인정하여야 한다. 그 이유는 조그만 아이들조차 자체의 생각과 판단이라는 자율성을 가져 각자 다양성을 지니는 고귀한 인격체이기 때문이다.

  아이에 대한 존중은 소유 개념을 넘어서서 또한 성적 점수를 넘어서서 아이들은 이 세상에 태어난 것만으로 존엄하다는, 즉 존재 이유가 있다고 볼 때 가능해진다. 아이가 존중받고 아이의 감정이 인정받으면 아이는 자신감 있고 책임감 있는 아이로 성장해 나갈 것이다. 아이들은 존재 그 자체만으로도 가치가 있고 소중하며 존중 받는 존재라고 할 수 있다. 아이들에 대한 존중과 배려가 있으면 아이들에 대해 부드러운 언어와 따뜻한 시선을 보낼 수가 있다.

  김소영 작가는 《어린이라는 세계》(사계절, 2020)라는 책에서 아이들의 존재를 이렇게 규정했다.

  "어린이는 부모로부터 받은 것과 스스로 구한 것, 타고난 것과 나중에 얻은 것, 인식했거나 모르고 지나간 경험이 뒤섞인 존재다. 어른이 그렇듯이."

  작가가 '어른이 그렇듯이'라는 말을 뒤에 덧붙인 이유를 알 것 같다. 아이와 어른은 그 자체로 동등하다는 인식이 작가의 머릿속에 이미 깊숙이 자리 잡고 있어서일 것이다. 아이들은 그 자체로 소중하고 존중받는 존재다. '어른들에게 그러하듯이' 아이들을 대하자. 그러면 우리 아이들은 매우 독립되고 개성 넘치며 빛나는 존재들로 자라나게 될 것이다.

Chapter.3

아이들은 놀이에서 배우고 놀이터에서 자란다

아이들은 놀이밥으로 큰다

그때는 그것이 그렇게 좋은 줄 몰랐었다

한적한 시골 마을에 작업실을 구했다. 사방엔 논과 밭밖에 없었지만 조그만 숲이 마치 정원처럼 옆에 있었다. 주변의 아이 엄마들이 모여서 나의 작업실에서 미술을 매개로 함께 토요일 오후를 보내는 수업이 이루어졌다. 많지 않은 가족들이어서 그런지 모든 가족이 언니 동생 하면서 엄마들끼리도 친해지고 아이들 간에도 처음 서먹했던 잠깐의 시간 이후 마치 형제들처럼 친해졌다.

그러나 그중에서 몇몇은 수업에서 계속 겉돌았다. 모두가 함께하는 시간일 때도 혼자서 무리에 들어오지 못하고 바깥에 서성였다.

그런데 몇 번 반복해서 만나며 놀다 보니, 겉돌던 아이들도 자연스럽게 친구들과 어울리게 되었다. 우리는 주로 자연에서 만나 아이들과 시간을 보냈다. 그래서인지 아토피를 달고 살던 아이들도 숲속에서 놀면서 점점 좋아졌다. 음식을 가려 먹던 아이도 친구들과 어울려 먹다 보니 편식을 안 하게 되었고, 숲에서 바깥 공기를 맡으며 땀 흘려 놀다 보니 생기를 되찾았다. 자연스럽게 아토피도, 편식도, 소극적인 성격도 변해갔다.

누가 명명했는지 기억나진 않지만, 엄마들은 우리의 모임 같은 수업을 일명 '숲속미술학교'라고 부르기 시작했다. 그때 엄마들 사이에 식사 당번과 엄마 수업 등 서로의 소통을 위해 카페를 만들었다. 카페의 이름도 숲속미술학교가 되었다. 순번을 정해 식사와 간식을 준비하고 한 번씩 엄마들이 가진 특기로 수업도 진행했었다. 아이들은 주변에 꽃을 꺾어 꽃차를 만들고 서로가 엄마 아빠가 되어 소꿉장난도 하고, 들판으로도 연날리기, 줄다리기도 하면서 놀았다. 그렇게 숲속의 놀이 시간이 거듭될수록 아이들은 더 건강해지고 즐거워했다.

숲속에서 아이들은 특별히 어떻게 하라고 한 것이 없었는데 미술 수업 시간 외에는 모두가 그렇게 놀았다. 아이들은 끊임없이 새로운 놀잇거리를 찾아서 놀고 있었다. 아무것도 아닌 것이 없었다. 모든 장소, 모든 소재가 놀이가 되었다. 수영장을 만들기 위해 쌓아 놓았던 모래 더미는 아이들의 최애 놀이 공간이 되기도 했다. 심각하게 우울했던 아이도, 대화가 서로 되지 않던 아이들도 서로의 주장과 합의가 만들어지면서 대화의 소통이 일어났다. 그렇게 아이들은 놀기만 해도 성장하고 있었다. 그때는 그것이 그렇게 좋은 줄 몰랐었다. 지금 돌아보면 엄마들도 즐겁게 시간을 보냈던 것 같다.

아이들은 충분히 마음껏 놀아야 한다

놀이의 사전적 의미는 여러 사람이 모여서 즐겁게 노는 일, 또는 그런 활동을 말한다. 사람은 누구나 행복을 삶의 목적이자 존재 이유로 든다. 아이들은 즐겁게 놀아야 사는 게 행복하다. 땀을 뻘뻘 흘리며 온 동네를 부지런히 쫓아다니면서 도둑과 형사 놀이를 한 후 아이들의 얼굴을 보면 몸은 지쳤지만 얼마나 신나고 즐거웠는지를 생생한 표정을 통해 알 수 있다. 아빠와 신나게 몸싸움 놀이를 한 후 아이들의 표정은 기분 좋게 만족감으로 가득 차 있다. 마음껏 실컷 충분히 잘 놀았던 아이들은 만족스러운 표정으로 행복해 하는 것을 볼 수 있다.

아이들은 놀이를 통해 성장하고 발달한다. 더 정확하게는 아이들은 놀이를 통해서 성장하고 발달하게끔 '만들어져' 있다. 영유아기의 아이들은 오감을 사용하여 직접 보고, 만지고, 냄새를 맡고, 느끼면서 감각기관이 발달하게 된다. 놀이로 감각기관이 충분히 발달한 뒤에야 비로소 아이들은 학습의 단계를 받아들일 수 있게 된다. 즉 영유아기에 충분한 오감의 자극이 있어야 추상적인 논리의 단계로 나아갈 수 있는 것이다.

인간은 성장 단계에 따라 발달해 가야 가장 자연스럽게 커간다. 자연스러운 성장을 위해서라도 아이들은 마음껏 충분히 놀아야 한다. 일부러 시간을 내서라도 아이들을 놀려야 한다. 놀아야만 아이들이 성장해 나갈 수 있기 때문이다. 놀이에서 아이들은 기쁨, 행복, 즐거움, 서러움, 고통 등등의 다양한 감정들을 만날 수 있고, 이런 다양한 감정을 상처 없이 맛볼 데는 놀이일 것이다.

아이들이 놀지 못하면 아이들의 삶은 즐거움도 행복도 감정도 없어지니 점점 더 고통스럽게 된다. 아이들의 그 고통은 여러 문제를 낳기 마련이다. 아이들의 화, 속상함, 섭섭함 같은 부정적 감정들은 놀이로 풀어내지 않으면 사라지지 않고, 뇌에 오랫동안 저장되어 나중의 삶에 강한 영향을 끼치게 된다. 그것은 놀이가 본능이기에 본능이 충족되지 않는다면 욕구불만이 생겨 불만과 불안이 생기게 되는 것이다. 그래서 놀이는 충족되어야 한다.

자기 자신에 대해 고민도 하는 놀이

요즈음에는 대학의 학과를 선택할 때도 본인이 무엇을 좋아하고 잘하는 분야가 무엇인지 혹은 무슨 과를 가고 싶은지조차 선택에 장애를 느끼는 아이들이 많다. 스무살이 다 되어가는데도 자신의 관심과 흥미가 어디에 있는지를 정확하게 모르는 이들이 있다. 그 이유는 놀이를 통해서 자신이 잘하는 것이 무엇인지, 못하는 것이 무엇인지에 대한 고민을 어린 시절에 충분히 가져보지 못했기 때문이라고 생각한다. 대학의 학과를 선택할 때, 얼른 서슴없이 선택한 학생들의 경우를 보면 의외로 어릴적의 많은 놀이 경험들이 축적되어 있다는 공통점을 발견하게 된다. 놀이 경험을 통해서 자신이 평생토록 하고 싶은 일을 생각해 둔 것이다.

놀이를 통해 다양한 경험을 하게 되고, 그 경험이 축적·확장되면서 자기 자신에 대한 고민이 이루어진다. 아이들은 놀이를 하면서 자신이 무엇을 좋아하고 잘하는지, 어디에 관심 있는지, 몸의 균형 감각이 있는지, 음악적 소리에 예민한지, 리더십이 있는지, 어떻게 관계를 맺어야 하는지, 어떻게 위험에 조심해야 하는지를 깨닫고 알게 된다. 그렇게 아이들은 자신이 누구인지 그리고 자신의 장점과 단점을 점차 알아가게 되고, 단점을 어떻게 장점화할 수 있는지도 깨닫게 된다. 아이들은 놀이를 통해서 몸도 마음도 건강해지지만, 자기 자신에 대해 고찰하고 재능도 발견하게 되는 것이다.

놀면서 크고, 배우고

놀이는 한마디로 재미와 즐거움이 있는 아이들의 성장 통로이다. 놀이에 대한 기억은 아이의 정서, 인지, 사회성, 창의력과 경험, 추억을 풍부하게 한다. 어린 시절에 보고 느끼고 생각하면서 놀아 본 경험들은 평생의 기초와 정서가 된다. 아이들은 놀면서 배운다. 놀면서 성장한다. 놀이는 배움을 동반한다. 그것도 즐기면서 배우는 기쁨이 동반된다. 놀이 과정에 있는 것만으로 아이는 깨달아 가고 터득해 가고 알아가며 배우게 된다.

세계적인 놀이터 디자이너인 귄터 벨치히는 자신의 저서《놀이터 생각》(소나무, 2015)에서 놀이에 관해 이렇게 말한다.

> "놀이는 온갖 가능성을 실험하고, 자신의 능력을 시험하고 한계에 다가가고 경험을 모으는 일이며 어떤 지시도 받지 않고 교사 혹은 감시자 없이 배우는 공부이다. 즉 놀이는 삶을 배우는 일이다."

놀이는 아이가 나중에 사회에 나갔을 때 도전과 실패와 좌절을 능히 이겨 나가도록 돕는 기회이자 도구이다. 아이들은 놀이를 통해 삶을 스스로, 자발적으로 알아갈 수 있으며, 경험의 데이터를 쌓아 기술과 능력을 키울 수 있게 된다. 삶이라는 환경에 발 빠르게 대처하고 자기에게 닥친 문제를 원활하게 해결할 원동력도 놀이에서 배울 수 있다. 그러니 우리 아이들을 삶이라는 놀이터에 풀어 놓자. 실패도 하고, 성공도 하고, 또 스스로 문제를 해결하고 성취해 가면서 마음껏 클 수 있도록. 놀이밥을 충분히 먹게 해주자.

　놀이밥의 한 가지로 예컨대 아이들이 즐겨 노는 모래 놀이를 보면, 모래는 사용법이 정해져 있지 않으므로 아이들에게 실패와 좌절에 대한 부담을 주지 않는다. 모래를 쌓고 담고 퍼내는 놀이 과정은 아이의 감정을 자연스럽게 발산시켜 정서적인 안정감을 느끼게 해준다. 공격적인 충동과 분노 같은 부정적인 감정도 모래를 뭉치거나 부수는 동작을 통해 해소할 수 있다. 여러 친구와 함께 집단 놀이가 가능하다는 것도 모래놀이의 장점이다. 이러한 놀이 경험을 통해 아이들은 서로 협동하거나 여러 가지 정보와 규칙 등을 공유하고 조율하는 상호작용의 기회를 경험한다.

위험하게 놀아야
위험을 배우고 피할 수 있다

다짜고짜 오르려고 하는 피라미드산

2023년 4월 중순의 어느 날, 그날도 아이들은 피라미드 암벽을 기어 올라가려고 한다. 오늘 놀러 온 아이 중 여기에 도전하는 5살 정도의 아이도 다짜고짜 오르려 한다. 이걸 자신이 끝까지 올라갈 수 있는지도 모른 채 무조건 오르려 한다. 아이는 오르다 힘에 부쳐 중간 부분에서 오도가도 못하며 한참 동안 그대로 있다가 울음을 터트렸다.

피라미드 암벽 등반 벽은 전체적으로 보면 피라미드처럼 산 같은 모양을 하고 있어 그렇게 부르는 구조물이다. 높이로 보면 3미터가 넘는 벽이다. 아이들이 의지하는 것은 팔 힘과 손끝, 발끝으로, 아이들은 암벽 등반 벽을 오르고자 온몸에 힘을 모아 안

간힘을 쓴다. 그러다 중간에 힘이 빠진 아이는 그대로 아래로 쭈욱 미끄러져 내려온다.

이 구조물이 보기에도 그렇게 만만해 보이진 않을 텐데도 열에 아홉은 암벽 등반 쪽으로 도전한다. 큰 아이들은 큰 아이대로 작은 아이들은 작은 아이들대로 자신만의 강점으로 오르기에 도전하는 것 같다. 몇 번 실패하지만 어렵게라도 한 번 오른 아이는 재미를 붙여 계속 도전한다.

그렇게 오른 아이의 두 번째 관문이 있다. 그것은 바로 미끄럼틀이다. 어른들도 막상 내려오려고 하면 무섭다고 하는 높이니 아이들에게는 마치 낭떠러지 같아 보일 수도 있을 것이다. 그래도 용기 내어 옆에 손잡이를 잡은 채 조심조심 내려온다. 한번 내려오고 나면 그다음에는 언제 무서워했냐는 듯이 발로 조절하며 두 손을 번쩍 든 채 내려오기도 한다. 마지막에 속도를 줄여야 하는데도 말이다. 그냥 내려오면 엉덩방아를 찧는데도 마냥 신나서 몇 번을 타면서 처음보다 더욱 신이 나게 내려온다.

피라미드 산을 구상했던 이 건물은 나에게는 난제의 공간이었다. 청하에 있는 폐교를 빌려 이곳을 숲속미술학교로 만들고자 했는데, 비교적 깨끗한 교실 건물에 비해 거기에 부수된 창고는 정말 폐창고였다. 이 건물을 헐어내지 않고서는 부근에 놀이터를 만들 수가 없었다. 그런데도 학교의 부속건물로 등기되어 있어 허물 수도 없었다. 나는 폐창고를 두고 많은 고민을 했었다. 심지어 놀이터장 전체를 다른 곳으로 옮기려고도 했다.

그런데 어느 날 많은 스케치를 그리면서 삼각형의 선이 이어졌다. 그렇게 지금의 피라미드산 놀이터가 만들어졌다. 이제는 숲속미술학교 놀이터의 랜드마크 공간으로 탈바꿈했다. 그래서 나는 아이들이 포기하지 말고 도전하다 보면 답을 찾을 수 있다는 의미로 이 놀이 조형물을 '도전의 산'이라고 설명한다.

공간에서 아이들 스스로 놀게 해야 하는 이유

나는 인간이 모험이나 스릴을 즐길 때 느끼는 즐거움 중에서 높은 곳에 오를 때 느끼는 쾌감이 무엇보다 크다고 생각한다. 그래서 아이들이 도전의 산 조형물에서 등반이라는 어려움을 해냈다는 성취감과 자신감을 느끼게 해주고 싶었다. 아이들이 작은 성취감부터 경험하다 보면 자신감이 붙어 좀 더 큰 것에 도전하고, 설사 중간에 실패하더라도 다시 도전하는 일에 주저하지 않게 된다. 도전과 재도전의 과정이 결과물이나 목적보다 더 중요하다는 것과, 과정 중에 열심히 하려는 노력이 정말로 중요하다는 것을 아이들이 깨우쳤으면 좋겠다는 생각을 했다.

놀이를 많이 해 본 아이들은 실패나 변화를 두려워하지 않는다. 실패해도 실수해도 좌절을 해도 놀이는 언제든지 다시 시작하면 되기 때문이다. 실패에 대한 염려나 두려움이 없이 도전 정신을 키울 수 있는 공간이 바로 놀이이고, 그 공간이 놀이터인 셈이다. 아이가 부모의 보호 아래 단순한 놀이터 안에서 안전하게만 놀게 되면 도전해 볼 기회도 두려움을 느껴볼 기회도 얻지 못하게 된다. 그 결과 아이들은 위험의 순간을 감지할 수 있는 경험의 기회마저 놓치게 된다.

삶에는 어려운 순간도 있기 마련이다. 《놀이의 기쁨》에서 김명순 놀이 전문가는 놀이터란 "모래, 물이 있고 약간 상처가 나거나 옷이 더러워질 정도의 위험이 존재하는 곳"이어야 한다고 말한다. 그래야 아이들은 위험 놀이를 할 수 있게 되고, 그렇게 위험 놀이를 많이 한 아이들이 "모험심과 도전, 창의력, 회복 탄력성이 더 높게 길러진다."라는 것이다. 그의 말에 나 역시 전적으로 동의한다.

거친 놀이터가 생존력을 높인다

네덜란드 역사가, 철학자로 놀이의 문화적 창조력을 강조한 요한 하위징아는 《놀이하는 인간, 호모루덴스》(연암서가, 2018)에서 놀이에 대해 "불확실성과 우연성이 지배하는 세계여서 결과는 예측 불가능한 것"이라고 정의한다. 그런데 우리의 삶도 딱 그러하다. 불확실성과 우연성이 지배하고, 결과를 예측하기 불가능하다. 게다가 우리의 삶 가운데에 그리고 사회 곳곳에는 위험이 도사리고 있어 아이들은 안전을 위협받을 수 있다.

사회가 안전 불감증에 빠져 있으면 그 누구도 우리 아이들의 안전을 책임지지 못한다. 첨단기계가 즐비한 21세기에 도저히 일어날 수 없는 인사 사고가 예고 없이 터지고 있다. 사고는 우연히 일어난다. 우연의 낮은 확률이라도 무시할 수 없는 게 안전이다. 위험한 상태인지 안전한 상태인지 알아차려야 하는 사람은 다름 아닌 아이들이어야 한다. 안전의 일차적인 책임은 아이들이 스스로, 먼저 지킬 줄 알아야 한다. 스스로 자신을 지켜야 한다. 부모가 나서서 모든 안전을 책임져 줄 수가 없다. 부모가 24시간 내내 모든 위험을 막아줄 수 없다. 아이들은 신체의 물리적인 안전을 지키는 방법을 놀이터에서 스스로 도전하고 모험을 하며 위험을 감수하는 과정에서 조금씩 터득해 나갈 수 있다.

놀이기구에서 매달리고 뛰어내리고 미끄러지는 과격한 놀이를 하건 또는 자연물을 이용한 탐험 놀이를 하건 아이들은 새로운 경험에 도전해서 자신의 역량을 키워야 한다. 근력과 체력, 팔의 힘, 빠르게 달릴 수 있는 두 다리 모두 아이들의 미래를 지켜 줄 소중한 자산이다. 그리고 그 자산은 바로 아이들이 스스로 몸을 움직이고 도전할 때 단단하게 생겨날 것이다. 그래서 놀이터에서 아이들에게 도전은 중요한 생존 전략이 된다.

위험하게 놀아도 됩니다

우리나라 놀이터에서 가장 중요한 것은 안전이다. 그러나 안전하기만 한 놀이터는 아이들을 위한 놀이터가 아니다. 우리 숲속미술학교의 조금은 '거친 듯 보이는' 놀이터만으로도 그저 이

곳이 위험해 '보인다'라는 이유로 아이들의 놀이를 방해하거나 출입을 금지하려는 부모님들을 종종 본다. 그런 부모들은 자녀들이 모험을 통해 위험에 대처하는 능력을 키울 기회를 빼앗고 있다는 사실을 잊어서는 안 된다.

안전만 강조된 놀이터의 놀이기구는 천편일률적이다. 어딜 가나 똑같은 모양, 똑같은 방식의 놀이만 할 수 있을 뿐이다. 숲속미술학교에 방문한 분들도 처음에는 모두 첫째도 둘째도 셋째도 '안전'만을 강조하고 이야기한다. 아이들이 다치면 다친 아이도 놀지 못해 아프고 서럽지만, 어른들도 이래저래 마음이 편치 못하기 때문이다.

이럴 때마다 나는 아이들을 인솔해 온 선생님이나 보호자들에게 이렇게 말한다.

"좀 위험하게 놀아도 됩니다."

아이들은 저마다 스스로 방법과 방식으로 놀 방법들을 찾을 것이기에 그 놀이터가 아이들의 나이에 맞기만 하다면 얼마든지 놀게끔 허용하는 것이 좋다. 그러면 아이들은 스스로 조심하면서, 서로 도전하고 도와주면서 신나게 놀 것이다.

놀이 공간이 안전하기만 해서는 모험과 도전을 통해서 위기 대응 능력을 키우지 못한다. 놀이터에서 아이들이 실패와 실수의 경험을 많이 겪어야 한다. 이곳에서 경험해 보면서 위험을 피하는 법도 배우게 되고, 실패에 대한 두려움을 이겨나가는 법을 배우도록 해야 한다. 그래야 위험을 감지했던 경험들이 쌓여 앞으로의 어려움이나 고난을 충분히 이기고 해결해 나가는 힘이 생기기 때문이다.

놀이터 디자이너이자 놀이운동가 편해문 작가는 《놀이터, 위험해야 안전하다》(소나무출판사, 2015)에서 놀이터는 안전과 동시에 도전과 모험의 장소여야 한다고 강조한다. "안전이라는 기둥 옆에 도전과 모험이라는 기둥을 세워야 한다. 놀이터는 안전과 도전이라는 요소가 유기적으로 결합하도록 설계되어야 한다."라고 말한다. 북유럽의 나라들에서 아이들의 바깥 놀이를 강조하는 이유는 위험 관리라는 방법을 배우기 때문이라고 한다.

격렬한 놀이와 조절 놀이로 신체 제어 능력을 키운다

놀이터에서 모험을 서서히 즐기다 보면, 아이들은 모험에 익숙해져 가고 더 난이도 있는 격렬한 놀이도 즐길 것이며, 그에 따라 스스로 안전한 방법을 터득하게 된다. 부모들은 아이들이 즐기는 아찔한 놀이에 가슴 졸이며 지켜보고 있으나, 옷은 더러워질 수 있고 약간의 상처가 날 수도 있음을 고려해서 바라보고 있어야 한다. 아이들은 격렬한 놀이를 여러 번 경험한 탓에 신체의 격한 움직임에도 자신의 온몸의 근육들을 섬세하게 조절해 나갈 줄 알게 된다.

처음 본 놀이기구나 놀이터를 마주했을 때, 아이들은 금세 덤벼들지는 않는다. 내심 생각해 보고 스스로 해볼 것인지 부모와

할 것인지, 지금 저 놀이기구가 자신에게 안전한지 조금 위험한지, 저 다리를 지금 올라갈지 나중에 올라갈지 등을 스스로 판단하고 결정할 시간을 갖는다. 이렇게 놀이기구와 놀이터, 놀이에 대한 계산이 끝나면 목욕물에 발 먼저 담그듯 서서히 이곳 놀이터를 탐색하고 놀이를 시작할 것이다.

아이들의 근육은 격렬한 놀이로 위험을 경험하든지, "즐겁게 춤을 추다가 그대로 멈춰라" 같은 조절 놀이를 하든지, 각각의 놀이에 맞추어 발달해 가기 마련이다. 점점 아이들에게는 신체의 근력과 신체를 통제하고 조절할 수 있는 제어 능력이 생기게 된다. 위험해 보이는 놀이에 익숙해질수록 안전에 대한 감각이나 신체의 제어 능력은 강화가 될 것이다. 그래서 우리 아이들이 위험도 모험도 가능한한 많이 즐길 수 있도록 격려하고 많은 도전의 경험을 바깥에서 쌓아가면 좋겠다.

짧은 시간에 규칙도 만들고 대장도 뽑고

모두 처음 본 낯선 얼굴들이다

큰돔 모래 놀이터는 아이들이 가장 많이 모여서 노는 곳이다. 그런데 (아직 정확한 이유를 찾지는 못했다) 처음부터 이곳으로 자발적으로 오는 아이는 잘 보지 못했다. 다른 놀이가 싫증 날 즈음에 이곳으로 하나둘 함께 모여 놀이가 시작된다.

처음에는 혼자 혹은 서로 아는 일행끼리만 놀이가 이루어진다. 그러다 모래놀이가 익숙하지 않은 아이는 모래가 자꾸 신발에 들어가는지 신발을 벗어 모래를 자주 턴다. 그리고는 신발을 벗고 양말도 벗고 맨발로 다시 놀이가 시작된다. 결국은 시간이 지나면서 제각각 놀이를 하던 아이들은 점점 하나의 놀이 공동체가 되어 간다. 함께 모래성을 쌓거나 터널을 만들거나 땅을 파면서 길을 내어 강물이 되게 한다든지 해서 본격적인 대공사를 시작한다.

아이들은 곧 물 조리개에 물을 가득 담아 모래 놀이터로 실어 나른다. 그러곤 물과 모래를 섞어 건축물을 짓기 시작한다. 협동 작업으로 계곡도 만들고 연못도 만들고 다리를 놓고, 그리고는 더 깊게 계곡을 판다. 이때 아이들은 이미 모두 한데 뒤섞인 채다. 같이 온 친구도, 처음 본 친구도, 지금 막 발을 들인 친구도 모두 한데 어울린다. 낯선 얼굴이라도 상관없다. 이제는 함께 일하는 동료 일꾼들일 뿐이다. 그러다 주변에 놀러 온 개구리라도 발견하게 되면 아이들은 적의 장수를 잡은 것처럼 흥분해서 개구리 연못 만들기에 마음을 다하게 된다. 어느 한 아이의 목소리가 높아진다. 옆에서 질세라 목소리가 더해진다.

"야, 여기 물 갖다주라."

"아니지, 여기에 물을 부어야지."

서로가 무엇을 해야 하는지 알고, 아이들은 저마다 해야 할 일을 한다. 그러다 보면 어느 사이에 역할이 분담되기도 한다. 마치 처음부터 알고 지낸 사이처럼 어느 사이에 대장이 만들어진다. 대장은 이쪽저쪽을 왔다갔다 하면서 역할을 나누어준다. 놀이가 끝이 나면 끝나는 대장이지만 말이다.

큰돔 모래 놀이터에서 놀기 위해서는 먼저 돔 안으로 들어가야 한다. 그러나 돔으로 들어가는 문은 따로 없다. 그저 구멍이 숭숭 뚫린 삼각형의 빈 곳을 통과해야 할 뿐이다. 처음 온 아이들은 어디 문이라도 있을까 해서 문을 찾아 빙빙 돌기도 한다. 그러나 이내 아이들은 곧 자기 몸에 맞는 돔 구멍을 찾아 왔다 갔다 하게 된다. 큰돔 모래 놀이터의 가장 큰 난제는 물이 없다는 것이다. 그래서 이곳에서 노는 아이들의 지상 최대 과제는 '물 떠오기', '물 나르기'가 된다.

그래, 이번엔 네가 부어 봐!!

물은 물놀이장에서 물조리개에 담아 옮겨와야 한다. 그래야 비로소 큰돔 놀이터 모래 위에 물을 부을 수 있다. 그 물놀이장에서 물을 가져오는 방법은 여러가지다. 한 번에 하나씩 조리개에 담아 이동하는 방법, 한꺼번에 여러 개의 조리개를 들고 이동하는 방법, 주변에 널려 있는 것들 가운데 오목한 모양의 그릇이나 바가지 등을 줍거나 주변에 놓인 물감통 등을 활용해 물을 담

아오는 방법 등.

　나는 지금까지 조리개 9개를 한꺼번에 들고 가는 아이를 보았는데 현재까지는 신기록이다. 어렵게 물을 떠 온 아이는 모래 위에 물을 부으면서 기분이 한껏 들뜨는 모습이다. 떠온 물을 친구한테 양보하는 아이도 있는데, 이럴 때는 마치 귀한 것을 내주는 듯한 태도를 보이며 크게 선심 쓰는 말투가 나온다.

　"그래, 이번엔 네가 부어 봐!!"

　물놀이장에서 물을 뜨는 방식도 아이마다 다르다. 물은 돔 꼭대기에서 아래로 내려온다. 위에서 내려오는 물은 지그재그 물받이를 통해 바닥 물통에 담긴다. 조리개를 지그재그 물받이 중간까지 가져가서 받는 아이가 있는가 하면 아래 고여 있는 물통에서 가득 떠 담는 아이도 있다. 또 어떤 아이들은 물을 뜨러 왔다가 물놀이장에서 물놀이 삼매경에 빠져들기도 한다. 특히 어린 나이 아이들의 경우 물놀이장에 남아 물놀이 하는 경우가 많

다.

그러나 약간의 유혹(?)을 벗어나면 물조리개에 물을 담아가서 큰돔 놀이터에서 기다리는 다른 일꾼 아이에게 자랑스럽게 전해 줄 수 있다. 귀한 것 내주듯 양보하며 "이번엔 네가 해!"라는 선심을 쓸 수도 있다. 대부분 아이는 자기가 떠온 물은 자기가 부으려고 하지만, 한번 선심의 열매를 맛본 아이들은 양보를 서슴없이 다시 하기도 한다. 모래 사이에 흐르는 물의 신기함을 경험하면서, 아이들은 그렇게 어울려서 놀고, 어울려서 자란다.

아이들은 원래 낯선 것을 두려워한다

오늘도 아이들은 숲속 놀이터에서 모래와 물을 이용하면서 신나고 맘이 후련한 시간을 보낸다. 엄마는 보는 내내 마음이 흡족하고 절로 기분이 좋은 미소가 스며 나온다. 바깥에 '풀어 놓인' 아이들은 눈 오는 날 강아지처럼 아주 좋아한다. 모래 놀이를 하고, 흙을 파서 옮기거나 열심히 놀이터 이곳저곳을 뛰어다닌다. 흔들다리에 매달리기도 하고 나뭇잎이나 열매를 줍고 만지며 온갖 다양한 실험을 하느라 아이들은 정신없다.

바깥에서 아이들은 자유롭고 활발하게 움직이고 실컷 소리 지르면서 에너지를 충분히 발산한다. 만들고 싶은 것이 있다면 친구와 협동하여 서로의 생각을 나누면서 맘껏 상상력을 발휘한다. 서로 의견을 나누는 과정에서 감정이 상해서 토라지기도 하겠지만, 얼른 마음을 고쳐먹고 양보하며 대안을 제시하면서 놀이의 방향을 서로 잡아나가기도 한다. 함께 놀 때는 자기의 생각만 주장할 수가 없다. 타인의 얘기를 들어봐야만 하고 더 좋은 방법들을 고안해서 의견을 제시하면서 여러 차례의 의견교환을 하면서 논다.

아이들은 원래 낯선 것에 두려움이 있는 편이지만, 재미있는 놀이를 하면서는 공간과 사람에 대한 처음의 서먹서먹함이 있더라도 낯선 공간과 낯선 사람에 대해서 금방 친해지기를 자처한다. 그래서 아이들은 하루 시간 동안 신나게 놀고 나면 마치 죽마고우와도 같아지는 것 같다.

재미있게 놀기라는 공동의 목표

처음 만난 아이들이 쉽지 않게 서로의 이견을 좁혀가는 이유는 단 하나, 놀이에서 재미있게 놀고자 하기 때문이다. 재미있게 놀기라는 공동의 목표 아래 아이들 각자의 움직임이 빨라지는 것을 볼 수 있다.

놀이는 즐거운 행위다. 놀이의 핵심은 즐거움이다. 즐겁지 않으면 놀 수가 없다. 즐거움을 위해서 아이들은 초면에 성질대로 하지 않고 참아내며 서로서로 마음을 연다. 성질대로 해버리면 놀이가 엉망으로 망쳐진다는 것을 알고 있기 때문이다. 함께 어울려 놀기 위해서는 각자가 원하는 방식만을 고집할 수는 없다.

놀이라는 하나의 목표를 위해서 아이들은 서로 양보와 타협과 헌신을 내보인다. 그래서 아이들은 놀이터에서 한층 성장하게 된다.

아이들은 처음에 노는 방법을 몰랐다 하더라도 재미있게 노는 방법들을 스스로 찾으며 터득해 나간다. 놀면서 재미있는 거리를 찾아내 땀에 옷이 흠뻑 젖을 정도로 즐기게 된다. 놀이터는 아이가 스스로 자율성을 가지고 자기가 놀고 싶고, 해소하고 싶은 욕구를 마음껏 토해내는 공간이다. 또한 스스로 책임지는 독립심을 키우면서 지속적인 관찰과 실험을 가능하게 해서 탐구와 모험을 갈구하는 공간이기도 하다. 귄터 벨치히의 표현대로 놀이터는 "자신감을 강화하고 자유롭고 재미있게 세상을 탐구하며, 다양한 경험을 할 수 있는 곳"이 되는 이유이다.

놀이로 팀워크와 공동사고를 익힌다

어떻게 하면 상어를 이길 수 있을까?

우리 가족은 아이들이 어릴 적에 바닷속 동물의 왕국 놀이인 일명 '상어 놀이'를 만들어서 가족끼리 놀았다. 이 놀이는 무시무시한 상어가 엄마 물고기와 큰아기 물고기, 작은아기 물고기를 잡아먹으려고 한다는 상상력 속에서 노는 가족 놀이이다.

아빠인 내가 맡은 역은 매번 이름이 바뀌는 상어였다. 어떤 날은 백상아리, 또 다음 날은 청상아리, 그다음 날은 황소상어로도 이름이 바뀌었다. 무시무시한 상어는 침대 밖에 있고 아이들과 아내는 침대 위에서 상어가 잠들거나 다른 곳으로 먹이를 구하러 갈 때 침대 아래로 내려올 수 있었다. 모두가 내려와서 먹이를 구할 때면 잠든 척하던 상어는 무서운 소리를 내면서 침대 아래까

지 따라붙었다. 엄마 물고기, 큰아기 물고기, 작은아기 물고기는 저마다 잡아먹히지 않기 위해 재빠르게 침대로 도망쳐야 했다.

물고기를 맡은 아이들이 하는 일은 그저 단순히 잡아먹히지 않기 위해 도망만 치는 수동적인 역할만은 아니었다. 나름대로 작전을 세워 바다에서 먹이를 재빨리 낚아채 가는 법이나, 각자 협력하여 상어를 유인하거나 따돌리기 위해 능동적인 동선을 짜는 등 저마다 생존 전략을 세웠다.

그런데 처음에 이 놀이를 할 때 아이들은 무척 겁을 내며 침대 위에서 꼼짝도 하지 않으려고 하였다. 그러다 먼저 용기 낸 엄마 물고기가 침대 밑으로 내려와 바다를 탐색하다가 상어에게 잡혀가면 둘은 힘을 합해 상어를 공격하는 용기를 보였다. 그렇게 협동작전으로 상어를 물리치고 엄마 물고기를 구출해 내면 아이들은 너무나 기뻐하였다. 그때 상어인 나는 연극배우처럼 멋있게 죽는 역할을 한다거나, 오늘은 두 물고기가 너무 강하니 다음에 보자면서 도망을 가기도 했다.

놀이가 끝나고 나면 아이들은 누가 더 용기 있게 상어와 싸웠는지를, 마치 아빠가 상어인 것을 잊은 양, 영웅담처럼 나에게 엄청나게 쏟아내곤 했다. 당장 그 다음 날이 되면 여전히 아빠 상어가 무서워서 침대 아래로 내려오지도 못하면서 말이다.

그러나 아이들은, 비록 약한 물고기 팀이지만, 자신들이 맡은 역할을 분담하고 서로 도우면서 상어에 맞서는 법을 익히고 배워

갔다.

 아이들이 늘 상어 놀이에서 이기진 않았다. 상어가 이기는 날도 있었다. 그러면 다음 날 아이들은, 이번에는 상어를 이길 수 있는 방법이 무엇일까를 골똘히 생각하며 묘수를 강구해 냈다. 어제와는 다른 작전과 계략으로, 더 정밀하게 서로 협동하고 머리를 싸맸다. 이렇게 아이들은 '상어를 따돌리고 먹이를 구하기'라는 문제를 온 힘과 마음을 다해 해결해 나갔던 것이다.

 아이들은 긴장과 즐거움 속에서 아주 신나게 놀았다. 놀이에 엄청난 몰두를 한 것이다. 이런 몰두가 놀이에 큰 즐거움을 선사하는 것은 당연했다. 놀고 난 다음 바로 아이들은 행복한 얼굴로 곤한 잠을 자곤 했으니까.

어디에서 팀워크와 공동사고를 배울 수 있을까?

　코로나 이후 디지털 문명으로의 전환 속도는 더 빨라졌고, 인공지능은 날로 발전하여 인간을 뛰어넘고 있다. 인공지능 시대에 인간에게 더욱 필요한 능력은 아마도 창의력과 융합하는 능력일 것이다. 이 창의력과 그 창의성의 효과를 끌어내기 위해서는 한두 명의 개인의 능력으로는 역부족일 것이다. 그래서 우리는 요즘 한두 명의 리더보다는 조직을 앞세우는 팀워크와 공동사고를 더 중시하는 것을 보게 된다.

　수직 구조에서는 의사결정이나 능력을 발휘하는 데 시간과 공간적인 한계에 부딪혀 수평구조의 팀워크를 강조하고 있는 것이다. 이제는 특별하고 뛰어난 능력 있는 한두 명의 리더보다는 조직으로 함께 움직여 나갈 수 있는 공감 능력이 있는 리더를 필요로 한다. 예전의 학벌 중시 사회는 끝이 나고 있고, 개인이 가진 실력이나 역량이 각광받는 시대가 되고 있다. 모든 것을 뛰어나게 잘해야 하던 전인교육은 물러가고, 팀(team)을 품을 수 있는 따뜻한 리더십이 강조되고 있다.

　그러면 인공지능과 경쟁해야 하는 시기에 우리 아이들은 놀이만으로 인공지능을 상대할 수 있을까? 우리 아이들은 어디에서 팀워크와 공동사고를 배울 수 있을까?

놀이에서 공감능력과 협동심을 키우다

숲속미술학교를 찾아온 아이들은 오늘 놀이터에서 처음 만났지만 마치 예전부터 알고 지내온 사이처럼 서로 거리낌 없이 어울려 잘 놀고 있다. 그러다가도 아이들은 자기 마음에 안 들면 성질대로 삐졌다가 토라졌다가 다시 화해했다가 하면서 논다. 이런 모습은 아이들이 열심히 놀이에 집중하고 있다는 뜻이다.

아이들은 타고 난 자신의 성격이 드러나면 그 성격을 뛰어넘고자 하는 노력을 하면서 인간관계의 폭을 넓혀 나간다. 그리고 그런 과정을 반복하면서 세상을 배워나간다. 서로 감정이 상해 있어도 뛰어다니며 놀다가는 마음이 확 다 풀어져 서로 손을 잡고 노는 것을 보게 된다. 무엇 때문에 속상했는지 다른 아이들을 공격적으로 대하던 아이도 언제 그랬냐는 듯이 어울려 웃고 떠들고 노는 모습도 놀이터에서 자주 볼 수 있는 풍경이다. 이때가 바로 팀워크가 생기는 순간들이다.

아이들은 또래나 나이가 달라도 함께 서로 어울려 노는 놀이 속에서 협동심도 배우고 공감 능력을 체득하게 된다. 공감 능력은 다른 사람의 상황이나 기분을 같이 느낄 수 있는 능력을 말한다. 공감 능력은 혼자서 놀 때는 결코 알 수 없고, 함께한 어울림 가운데서만 배울 수 있다.

협동심도 마찬가지다. 협동심은 팀워크에서 빠질 수 없는 요소이다. 즉 공동의 목표 아래 문제를 해결해 나갈 때 서로 간의 협력이 없이는 팀워크도 없기 때문이다. 공감 능력 또한 함께 어울리면서 살아가는 삶에서 아주 중요한 요소이다. 인간은 사회적 동물이다. 사회에서 살아가면서 부딪히게 되는, 사람들과의 관계에서 생길 수밖에 없는 갈등 상황을 어떻게 하면 서로 상처받지 않고 원만하게 해결해 나갈 수 있을까를 고민할 때 공감 능력은 빛을 발하게 된다.

부모로부터 과잉보호를 받는 아이도, 인내심이 부족한 아이도 함께 어울리면서 서로 의견을 나누고 도와주면서 상대의 기분을 알아채는 법을 배우게 된다. 아이들은 어울려 놀면서 각자 자기 의견을 주장할 줄 알게 되며, 이 과정에서 인내심과 배려심도 기르게 된다. 자연히, 공감 능력과 협동심이 부쩍 자라게 된다. 자기 앞의 위기와 좌절의 경험을 극복해 나가면서 놀이 경험을 쌓아가고 친구를 사귀고 관계를 배워 나가면서 사회의 규칙과 질서를 이해하고 상호 간의 인간관계를 깨닫게 된다. 놀이를 통해 아이들은 타인을 알아가고 대화하는 방법도 익히게 되고, 자기 자신도 알아가면서 관계로 얽힌 사회생활을 할 수 있는 삶을 배워 나가게 되는 것이다.

놀다 보니 토론하게 되고, 토론을 하다 보니 늘게 되고

초등학교 1학년 아이들이 놀러 왔을 때의 일이다. 모래놀이터에서 머리를 맞대고 놀이계획을 짜고 있었는데, 이날 아이들이 정한 놀이의 주제는 댐 만들기였다. 아이들은 모래와 지형지물을 이용해 모래 놀이터에 거대한 댐을 건설하기로 의견을 모으더니, 각자 맡을 역할을 분배하기 시작했다.

먼저 댐을 만드는 데 필요한 재료를 서로 이야기했다. 나뭇가지와 돌멩이 등의 재료가 아이들 입에서 나왔다. 그러고 나서 각자 흩어지더니 각기 나뭇가지와 커다랗고 단단해 보이는 돌들을 가지고 모였다.

댐 준비물이 끝나자 다 같이 팔을 걷어붙이고 댐을 쌓아 올렸다. 돌멩이와 나뭇가지를 이용해 이렇게도 해보고 저렇게도 해보면서 의견을 주고받는 모습이 의젓해 보였다. 이제 가장 중요한 댐에 물 채우는 일이 남았다. 아이들은 주변의 물감통이나 물조리개 등을 이용해 물을 나르기 시작했다. 그런데 물을 붓자 모래가 조금씩 허물어지기 시작했다. 모래에 점성이 없다 보니 힘을 받지 못한 것이다.

그러나 아이들은 계속 무너지는 댐 둑과 말라가는 댐을 보면서도 포기하지 않았다.

"여기 댐이 터지고 있어."
"내가 손으로 막을게."
"나도 같이 막을게."

"나는 더 큰 돌을 가지고 올게."
"물길을 저쪽으로 내자."
"어, 그래 이쪽에 댐을 만들자. 풀을 뜯어와 줘."
"풀이랑 모래랑 섞어서 해보자."

아이들은 서로를 믿고 끝이 보이지 않는 공사를 계속 진행했다. 놀면서 직면하는 문제를 서로 해결하는 사이, 아이들의 협동심, 자립심, 그리고 문제해결력이 점점 늘어나고 있는 것이 보였다. 처음에는 어떻게 문제를 해결할지 각자 의견을 내놓고 상대방이 그럴듯한 해결 방법을 내놓으면 같이 힘을 모아 실천하는 모습이 정말 일사불란했다.

아이들이 놀이에 몰두하고 익숙해질수록 자신의 의견도 표현하게 되고, 친구와의 토론과 탐구도 거치게 되고, 자기주장에 대한 논거도 찾으면서 모색과 궁리 끝에 문제는 해결된다.
'와, 이렇게 쉽게 되다니. 아, 이렇게 하면 되는구나….'
아이들은 놀이에 몰두할 때 재미와 즐거움을 느끼고, 아울러 성장하는 자신을 느끼게 된다. 놀이 경험의 세계에서 이런 고민의 결과로 생각하고 서로 의논하고 교환하고 결정하는 아이들의 토론 능력은 향상이 될 것이다.

놀이는 반복을 지향한다

철학자이자 매체이론가인 노르베르트 볼츠는 저서《놀이하는 인간》(문예출판사, 2014)에서 놀이가 목적을 지향하지는 않지만, 반복을 지향한다고 말한다. 놀이를 반복함으로써 놀이의 즐거움을 느낄 뿐만 아니라, 놀이를 능숙하게 잘하게 되고 또한 아이들은 자신의 부족한 면을 실력으로 바꾸어간다는 것이다. 볼츠의 말대로, 아이들이 노는 것을 보다 보면 어느 사이엔가 서로 토론의 실력도 늘어나 있는 것을 보게 된다.

놀이 경험으로 쌓은 토론의 능력은 확대되어 어떤 문제나 갈등 상황이 닥치더라도 충분히 해결해 나갈 수 있는 여유도 가지게 될 것이다. 결국, 아이들은 인간의 삶에서 만나게 되는 갈등과 위기와 문제들을 어떻게 풀어 나가고 대응해 나갈 것인가와 같은 문제 해결 방법 혹은 대응 방법들을 놀이에서 배우게 되기도 하는 것이다. 곧 놀이와 놀이 공간은 의견을 주장하고, 수렴하며, 대립 혹은 정리하면서 비판적이고 논리적인 사고를 배워가는 공간이 된다.

《놀이의 과학》(소나무출판사, 2016)의 저자 수전 솔로몬은 아이들의 성장을 위해서는 놀이터의 기능이 토론과 탐구, 모험이어야 한다고 얘기한다. 수전 솔로몬은 이렇게 말한다.

"오늘날 미국의 놀이터는 불확실성에 대비해 아이들을 준비시키는 일에 특히 서툴다. 놀이터라고 해봐야 비판적인 사고나 논리정연한 추론, 희망에 찬 탐구, 흥미진진한 모험보다 안전만 강조하면서 정비나 보수가 필요 없는 새장 같은 곳이 대부분이다."

지금 우리나라의 많은 놀이터도 너무 안전만 강조하며 천편일률적인 곳이 대부분이다. 간혹 몇몇 놀이 연구가들이 지자체와 협력해서 새로운 놀이터들을 만들어내고 있는데, 너무나 반가운 일이다. 아이들 위한 즐거운 놀이터가 더욱 많이 만들어지길 기대한다.

오늘은 선데이 피크닉이 열린 날

예기치 않은 손님

　5월 22일은 숲속놀이학교에서 선데이 피크닉이 열린 날이다. 숲속피크닉은 말 그대로 숲속미술학교에 소풍을 오는 것이다. 이곳에 와서 숲속미술학교 놀이터에서 놀기도 하고 개인 텐트를 가져와서 치고 그곳에서 고기를 구워 먹을 수도 있다. 혹은 준비해 온 도시락도, 그리고 라면도 끓여 먹을 수 있다. 그렇게 일요일에 열리는 숲속피크닉이 바로 선데이 피크닉이다.

　그런데 다른 요일은 조금 홍보가 되어서 많이들 찾아오고 있지만, 선데이 피크닉은 이번 주에 처음 열려서 아직 홍보나 광고를 하지 않았는데도 예약 사이트를 통해 손님이 예약을 하고 찾아온 것이다. 캠핑카를 타고 전국을 여행 중인 부녀였는데, 아이는 다섯

살이었다.

　나는 조금은 걱정이 되었다. 아직 광고가 안 된 터라 다른 방문객들이 전혀 없어서, 아이와 둘이서만 놀게 된다면 너무 심심해하지 않을까 염려되었다. 그러나 나의 걱정과는 다르게 아이와 아빠는 즐겁게 놀다 갔다. 아이는 "재미있었어요. 다음에 또 올게요"라고까지 하면서 떠났다.

　도착한 그때부터 나는 '아빠가 아이와 어떻게 놀까?' 하고 관심 있게 지켜보았다. 내 짐작에는 아무래도 아이와 잘 놀 것 같긴 했지만, 두 부녀는 나의 예상을 훨씬 뛰어 넘어 더 죽이 잘 맞았다. 지금까지 한두 번 놀아 본 솜씨가 아니었다. 아빠는 사소한 것까지 아이의 의견을 반영하며 놀았다. 무엇보다 "이렇게 하자, 저렇게 하자"라며 아이를 이끌려는 태도가 없었다. 아이가 의견을 말하면 그것에 대한 아빠의 의견을 이야기하고, 다시 아이가 의견을 이야기했다.

들어도 들어도 마냥 궁금했던 부녀의 놀이①-편지 쓰기

　놀이터에서 놀다 텐트 안으로 들어온 부녀는 그림 그리기를 하고 있었다. 아이는 색종이를 오리고 접고 모양을 내서 완성된 편지지에 아빠에게 편지를 써달라고 부탁했다. 편지 내용은 단순했다. "우주야, 오끼나와에서 만나기로 약속"이라고 편질 썼다. 편지 쓰기를 마치고 아빠가 아이에게 물었다. "하늘아, 이 편지를 부치는 방법은 2가지가 있는데, 하나는 우체국에 가서 부치는 방법이 있고, 다른 하나는 이 편지를 사진으로 찍어 엄마에게 문자로 보내는 방법이 있어"라고 이야기하자 아이는 "내 생각에는 3가지 방법이 있어요"라고 말했다. 첫째는 우리가 우체국에 맡겨 놓으면 엄마가 여기로 와서 찾아가는 방법, 그리고 둘째는 우리 집 옆집에 편지를 보내서 엄마에게 가져다 주라고 하는 방법, 그리고 셋째는 엄마에게 편지를 보내 동생 우주에게 전하는 방법이 있다고 했다. 그러자 아빠는 "엄마가 포항까지 와서 찾아가게 하는 건 너무 시간이 걸리는데, 우리가 한 번도 엄마에게 편지를 보낸 적이 없으니 직접 편지를 보내면 어떨까? 그럼 엄마가 동생 우주에게도 전해 줄 거니깐"이라고 말하자 아이는 "그래, 그렇게 하면 좋겠다"고 했다.

들어도 들어도 마냥 궁금했던 부녀의 놀이②- 그림 그리기

아이는 스프링 철이 되어 있는 스케치북을 부욱 찢어서 종이를 펼쳤다.

"아빠와 같이 그림 그리자"

아이가 아빠에게 말했다. 그러면서 중앙에 선을 그으며 "이 선을 넘지는 말아"라고 했다. 그러자 "아빠는 왜 이 선을 넘지 말라는 거야?"라고 아빠가 물었다. 그러자 아이는 "내 그림 위에 겹치게 그리면 안 되니깐 그렇잖아"라고 했다. 아이와 아빠는 그림을 정성을 다해 그리고 있었다. 완성된 후에는 그린 그림들에 이름을 붙여

주었다. 아이가 "'가기데꼬르'라고 이름을 붙이자"라고 말했다. 그러자 아빠는 "아니, 가지 모양이니 '가지데꼬르'라고 하자" 하니 아이는 "그래, '가지데꼬르'라고 하자"라고 아빠의 의견을 받아들였다. 아빠가 그린 그림을 "'토끼 거북이'라고 하면 어떨까?"라고 아이에게 물었다. 그러자 아이는 "'거북이 토끼'라고 해야 할 것 같은데?"라고 의견을 이야기하였다. 그림을 한참 보던 아빠는 "아무래도 '토끼 거북이'인 것 같은데"라고 했다. 그러자 아이는 "그래, 아빠가 그린 그림인데 아빠가 원하는 대로 이름 붙여"라고 대답했다. 아빠의 의견도 적극적으로 수용해 주는 아이였다.

반 발짝 뒤로 물러선다는 것의 의미

아이와 아빠는 그사이 텐트에서 나와 모래 놀이터에서 놀고 있었다. 아이가 진두지휘하며 모래 놀이를 진행하고 있었다. 아이가 "여기에 이렇게 물길을 만들어야겠다"라고 하면서 삽으로 스케치를 마치고 나면 아빠와 아이는 함께 모종삽으로 모래를 파고 모래성을 쌓기도 했다. 아이가 거꾸로 올라가는 방식으로 물길을 만들자고 제안했다. 그러자 아이 아빠는 "물은 낮은 곳에서 높은 곳으로 올라가지 않는데"라고 하자 아이는 그래도 이쪽으로 물길을 만들고 싶다고 하니, "그래, 그러면 모래를 한번 파보자"라고 하면서 서로 물길을 팠다. "그래 이렇게 하면 될까?"하면서 두 부녀는 서로 도와가면서 물길을 만들었다. 그러다 아이가 옆에 핀 작은 꽃에 물을 주기 시작했다. 그러면서 "꽃에 물을 부으면 물은 왜 금방 없어지지요?"라고 아이가 질문하였다. "그래, 왜일까?" 하고 아빠가 아이에게 다시 물었다. 그러자 아이는 "물통에 있는 물은 갇혀 있는데 꽃에 준 물은 꽃이 목이 말라서 금방 먹는가 보다"라고 대답하였다. 그러자 아빠는 "아빠 생각에도 꽃이 목이 말라서 금방 먹는 모양인 것 같아"라고 답했다. 부녀 모두가 "꽃은 물을 좋아하네"라고 말했다. 그리고는 누가 먼저라 할 것도 없이 물조리개에 물을 퍼 날랐다. 부녀의 모래 놀이터에는 다시 물길이 생겼다.

모래놀이를 마친 부녀는 나무그루터기 징검다리를 건너길 시작했다. 조금 힘들 수도 있는데 아이는 혼자서 씩씩하게 건너고 있었다. 뒤에서 아빠는 아이가 언제라도 손잡길 원하면 잡아주기 위해 웃으며 뒤를 따라갔다.

아빠와 아이의 노는 모습을 보면서 부모와 자식과의 놀이가 이렇게 서로를 존중해 주며 유지될 때 아이는 잘 자라고 부모는 아이를 잘 키우게 되는 것임을 오늘 이곳에 놀러 온 부녀를 보면서 다시 한번 확인했다. 나는 부모가 이렇게 반 발자국 뒤에서 아이를 이끌어 준다면 아이는 자기 주도적이며, 창의성 있는 멋진 아이로 자랄 것을 믿어 의심하지 않았다. 다음에 만날 때 아이가 어떻게 성장해 있을지 벌써 기대된다.

"아빠랑 물감 떡칠하고ㅋㅋㅋ"

관계가 회복되다

숲속미술학교에 오면 '부모도 아이들과 이렇게 놀 수 있구나' 라는 마음을 갖게 해주고 싶었다. 기본적으로 숲속 프로그램들은 부모가 참석하면 더 즐거운 놀이 수업이 된다. 그래서 가능하면 부모님의 참석을 권하고 있다. 부모님들은 처음에는 키즈카페처럼 아이들만 수업에 들여보내고 나면 된다고 생각하면서 왔다가 같이 해야 한다는 걸 알고 많이들 당황해하시는 것 같다. 예약 안내에도 눈에 띄게 공지하고 카페에 올라있는 많은 사진에도 부모가 함께 참여 수업을 하는데도 말이다.

아무튼, 자의 반 타의 반 참석한 부모들도 마치고는 모두가 흡족해하는 걸 자주 보았다. 자녀가 어렸을 때 많이 안아주곤 하지만, 우리 문화권에는 조금만 크면 아이를 안는 걸 쑥스러워 하는 것 같다. 그래서 숲속 프로그램들은 아이와 많은 접촉을 할 기회를 주도록 하고 있다. 아이와의 잠깐씩의 포옹이지만 이것을 통해 부모와 자식 간의 관계가 회복되는 촉매 역할이 되고 있다고 생각한다.

그래서인지 우리 학교의 리뷰 글에는 유독, 부모님이 더 즐겁게 놀다 갔다는 글이 많다.

"항상 기분 좋게 아이와 놀다갑니다~^^ 다음에 또 참여하고 싶어요^^"

"11월 중순에 다녀왔어요. 그날 야외가 좀 쌀쌀한 편이었는데 실내활동 야외활동 적절하게 재미있고 알차게 하고 왔어요. 11시부터 4시까지 거의 하루 종일 아이와 놀 수 있어요. 아이 혼자 하는 게 아니라 가족끼리 그리고 거기서 만난 친구들과 함께 하는 게 참 좋았습니다. '야외놀이활동 - 점심 식사 후 - 물감놀이 - 미꾸라지잡기체험 - 온수풀 놀이' 정말 가격대비 프로그램 알차고 너무 좋았습니다.

숲속미술학교에 가서 느낀 게 선생님들께서 아이들에게 "안 돼"라는 말을 단 한 번도 하시지 않더라고요. 진짜 아이들을 위한 곳이 맞구나를 느꼈어요."

"놀이터, 형광물감놀이, 미꾸라지잡기, 물놀이 등 다양한 하면서 엄마 아빠 아이 모두 즐거운 시간 보냈습니다. 전자레인지랑 티포트가 있어서 간단한 식사 가능하고 캠핑도 가능했어요. 형광물감놀이 시간을 온전히 즐기시려면 여벌 옷을 보호자도 함께 준비하시면 됩니다. 저희는 샤워까지 하고 나왔습니다."

하루 종일 아이와 놀아본 게 얼마 만인지

이곳에 처음 온 부모들의 후기를 들어보면 공통점이 있다. 아이들과 어떻게 놀아야 하는지 여기서 알게 되었다는 것이다. 이들의 사례는 드문 게 아니다. 현재 아이들을 키우는 부모 세대는 MZ세대가 대부분이다. MZ세대의 부모는 베이비부머(baby boomer) 세대가 주를 이룬다. 당연히, 일하느라 바빴던 세대이고, 또 엄마들도 대개는 전업주부였으나 가정 살림을 사는 데 바빴지 아이들과 상호작용하고 노는 데에는 익숙하지 않은 경우가 대부분이었을 것이다. 아이들은 형제자매와 놀거나 친구들과 놀수는 있어도 부모와는 논다는 생각을 해본 적이 없는 세대다. 그래서인지 서툰 부모 역할이 아이와 놀아준다고 생각이 들 때는 더욱 서툴게 느껴진다. 아이를 이해하지도 못하고 잘 놀아주지도 못한다. 그냥 놀아주는 게 뭔지 잘 모르는 세대이다.

놀이할 때는 아이가 놀고 있는 것을 지켜보고 조금씩 맞장구를 치며, 아이가 원하는 방향으로 가는 것을 반 발짝 떨어져 바라보되, 도움을 필요로 할 때는 도움을 주며, 응원하고 같이 관심 있게 대상을 바라보면 되는 것이다. 아이를 나의 방향으로 이끌지 말고 아이가 원하는 방향으로 갈 수 있도록 도와주고 지켜보며, 아이 이야기에 엄마, 아빠가 맞추어 함께 놀면 된다. 우리 부모들이 이곳에 와서 이 원칙 하나만 얻어 간다면 아주 좋을 것 같다.

옛 초등학교의 추억을 떠올리며

이곳에 오는 부모들이 공통으로 하는 말이 또 있다. 아이를 위해 왔다가, 오히려 부모 자신이 어린 시절로 돌아간 듯한 추억을 마음껏 느껴볼 수 있는 시간이었다는 이야기가 그것이다.

> "9세 최고령자 참가자들과 열정적인 하루를 보내고 왔습니다. 아이보다 제가 더 즐겼어요. 초등학교 시절로 돌아간 듯했습니다. 야광물감놀이는 워킹맘인 엄마들의 스트레스를 풀 수 있는 시간이었어요. 엄마 아빠들에게 맞춘 음악(?)도 추가되면 스트레스 '1'도 없는 엄마, 아빠가 되어 돌아올 수 있을 것 같아요."

"동심으로 돌아가 너무 즐겁게 잘 놀았습니다. 이런 날이 다 있다니, 아이만큼 즐거웠어요."

"여름이라 그런지 물놀이장이 있어서 정말 좋습니다. 놀이터에서 뛰어놀다 더우면 물로 풍덩! 다 같이 모여서 발장구도 치고 하다 보면 선생님이 미꾸라지 통을 들고 나오시는데, 아이들은 미끌미끌한 미꾸라지를 만지면서 깔깔댑니다. 그러다 관찰이 끝나면 풀 안에 미꾸라지를 확 풀어주시기까지! 처음 보는 미꾸라지를 잡으려고 모자도 동원되고, 손도 동원되고. 부모인 나도 모처럼 힐링이 되는 날이었습니다."

힐링 되는 순간

나는 숲속미술학교가 무엇보다 부모와 자녀 모두가 힐링이 되는 공간이 되었으면 한다. 자연과 가까운 곳에, 아주 넓은 하늘과 공간을 느낄 수 있게 조성한 것도 다 이런 이유 때문이다. 자연은 아이들에게도 힐링이 되는 장소이지만 부모들에게도 마찬가지의 휴식과 안식을 줄 수 있다. 부모가 행복하고 마음이 편안해야 자녀들도 안정된 삶을 누린다는 것은 누구나 아는 사실이다. 그래서 숲속미술학교에서 힐링을 만끽하고 갔다는 반응을 보면 기쁘고 고맙기만 하다.

"아이가 4살 때 와보고 다시 7살이 되어서 재방문했습니다. 이번에는 아이가 부모 도움 없이 온전히 혼자 놀기에 훨씬 더 뜻깊었어요. 특히 동화의 한 장면들을 그린 벽화가 멋졌어요. 정말 온전한 어린이세상이었습니다. 프로그램이 끝나고도 놀이터에서 놀다가 왔어요. 나무 그늘에 의자랑 테이블 펼치고 도시락 먹었는데 힐링이었고요. 덕분에 어린이날 성공이었어요."

"아이들 놀기에 너무 좋은 곳이에요. 자연물 놀이터는 정말 멋졌습니다. 이것이 말로만 듣던 자연의 치유가 아닌가 싶었어요."

"개인이 참여할 수 있는 숲속 미술 캠프닉은 갓성비 최고예요. 포항 근교에 이런 곳이 있다는 게 참 좋고 귀합니다. 미꾸라지잡기 한 후에 바로 물놀이가 가능한 것도 맘에 들었어요. 가는 길이 아쉬웠습니다."

"아이가 자연에서 자유롭게 놀 수 있어서 무엇보다 좋았습니다. 아이와 부모 모두 행복했던 시간이에요."

잘 노는 아이가 잘 자란다

　잘 노는 아이가 잘 자라는 것은 당연한 사실이다. 내 자녀가 잘 놀기 위해서는 먼저 부모부터 잘 놀아야 하고, 더 나아가 부모가 아이와 잘 놀아주어야 한다. 물론 놀아주는 게 아니라 같이 노는 것이어야 한다. 우리 숲속미술학교는 그 방법을 아주 자연스럽게 알려주려고 한다.

　놀이는 본능이자 또 다른 삶이다. 아이의 동선을 따라가고, 부모가 원하는 방향으로 이끌려고 하지 않고, 반 발짝 뒤에서 아이의 관심에 관심을 가져주고, 아이의 즐거움에 같이 즐거워하고, 슬퍼하는 일에 같이 슬퍼하는 것이 놀이의 주인공인 아이들을 대하는 부모의 좋은 태도이다. 그렇게 아이를 따라서 함께 놀면 된다. 그러다 보면 부모도 아이와 충분히 공감하며, 오히려 편해지는 걸 느낄 것이다. 이렇게 하면 육아는 '껌'이다. 이렇게 쉬운 육아여서 아이는 더욱 잘 성장할 것이다.

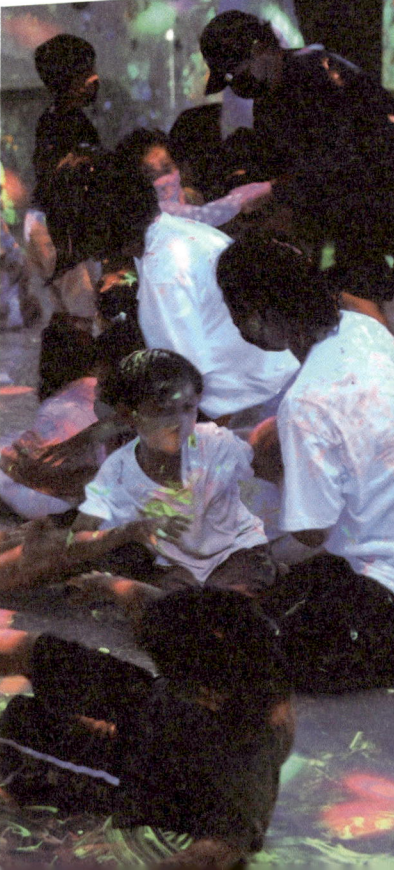

Chapter.4

자연과 어울리는 아이가 회복 탄력성도 좋다

바깥놀이는 신체와 인지를 동시에 발달시킨다

아, 이렇게 하면 쉬이 통과할 수 있구나!

숲속미술학교 운동장에 설치된 흔들다리 한쪽 끝에는 오늘도 아이들이 몇 명 붙어 있다. 흔들거리는 그 다리를 건너는 모험을 하려는 아이들이 대기하고 있기 때문이다. 흔들다리는 아래쪽에 2줄, 아이들이 손을 뻗으면 닿는 곳에 있는 위쪽 줄 1개, 총 두 부분으로 이루어져 있다. 그리고 시작 지점과 줄 중간에 아이들이 쉬어 갈 수 있도록 중간 쉼터가 되는 통나무 발받침이 있다.

아래쪽 2줄을 잡고 지나가면 처음에는 넘어지지는 않으나 앞으로 나아갈수록 몸의 균형을 잡기 어려워 나아갈 수는 없고 떨어지기 일쑤다. 끝까지 떨어지지 않고 나아가기 위해서는 위쪽 상단 줄을 잡아야 한다. 그러나 대부분 아이는 아래쪽 줄만 잡고 가다 떨어진다.

 떨어진 아이들은 처음으로 돌아가 다시 시작점에서 출발하기도 하지만, 그 자리에서 다시 올라가서 가던 길을 재차 가기도 한다. 어떤 정해진 규칙이 있는 것이 아니어서, 아이들이 마음대로 하면 된다. 흔들다리에 오른 아이들은 누구든 떨어지지 않기 위해 안간힘을 쓰며 아래쪽 줄에 몸을 의지한 채 휘청이면서 중간 쉼터까지 떨어지기를 반복하며 오곤 한다. 선생님들이 위쪽 줄을 잡으면 안정감이 있게 갈 수 있다고 말해도 처음에는 아래쪽 줄만 잡고 휘청이다 떨어지거나 줄을 놓쳐 넘어지기도 한다. 그러다 몇 번 완주에 성공해 재미를 붙인 아이들은 처음 출발 때부터 상단 줄을 잡기 위해 노력한다. 그리고 상단 줄을 잡고부터는 마치 능숙한 탐험가처럼 다리를 통과한다.

 몸의 균형을 잡고 외줄을 통과해야 하는 이 놀이는 신체를 조절하고 발달시키는 놀이면서 다시 반복하다 보면 위쪽 상단 줄만 잡으면 안정감 있게 다리를 통과할 수가 있다는 걸 알게 되는 인지 놀이이기도 하다.

 '아, 이렇게 하면 쉬이 통과할 수 있구나!'
 아이의 깨우침 같은 혼잣말 소리가 들린다.

놀 때는 스트레스받지 않는다

 내가 어렸을 때만 해도 우리들의 일상은 숙제는 뒷전으로 한 채

온종일 집 밖에 나가 자연을 벗 삼아 산으로 들로 뛰어다니며 노는 것이었다. 계절에 상관없이 동네 어귀에서, 골목골목에서 친구들과 함께 어울려서 노는 게 하루 일상의 전부였다. 어둑어둑해져 엄마가 부르실 때까지 친구들과 시간 가는 줄 모르고 놀았다.

놀기 좋아하는 것은 우리 아이들이라고 다를 바가 없다. 공부에 많이 치이고 학원 수업으로 일상이 숨 돌릴 틈 없이 바빠졌지만, 노는 데 진심인 것은 우리 때나 지금이나 한결같다. 우리 아이들도 틈날 때마다 스마트폰으로 게임이나 유튜브를 즐기고 친구들과 메신저를 주고받으면서 소통한다. 자기 시대에 맞는 놀이 도구로 나름 스트레스 해소를 위한 쉼과 놀이의 시간을 갖는 것이다.

그러나 이것만으로는 충분치 않다. 아이들의 몸은 뛰어 놀도록 만들어져 있어서 몸으로 부딪치고 땀 흘리며 놀아야 훨씬 즐겁고 훨씬 행복하기 때문이다. 나는 인간에게는 행복이 삶의 목적이자 존재 이유라고 생각한다. 그리고 아이들은 '놀아야' 행복하다. 이것이 아이들이 충분히 놀아야 하는 이유의 전부다. 아이들이 스트레스를 전혀 받지 않고 온전히 웃고 떠들며 즐기는 시간, 그 시간은 놀이하는 시간이다.

개구리라도 튀어나오는 날이면……

저쪽 구석이 소란스럽다. 다가가서 보니 아이들이 지렁이 한 마리를 생포했다. 그 꼬물거리는 생명체 하나가 아이들을 마냥 신나게 한다. 개구리라도 발견되는 날이면 난리가 난다. 특히 초봄에 튀어나오는 개구리는 잠에서 깬 지 얼마 되지 않아서인지 아니면 몸이 둔해서인지 아이들에게 잘 잡힌다. 봄이 아이들에게 주는 선물인 셈이다. 그러나 오월로 접어들면 개구리 잡기는 그렇게 만만한 일이 아니다.

바깥 놀이는 실내 놀이와는 완전 다르다. 실내에는 제약이 많다. 아이들은 바깥에서 놀고 싶지만, 추위와 더위, 그리고 미세먼지와 황사 같은 자연적, 인위적 요인으로 인해 밖에 나가고 싶어도 무조건 실내 놀이에 만족해야 하는 때도 있다. 그러다 바깥에 나오면 주말 화창한 오후나 비 오는 날, 구름 낀 날 등 날씨에 따라 변화하는 자연의 모습을 느끼며, 계절에 따라 달라지는 풍경을 구석구석 파헤쳐 볼 수도 있다. 자연을 관찰하고 공간을 탐색하며 놀다 보면 궁금해 하던 벌레도 곤충도 지렁이도 달팽이도 만난다. 날아다니는 나비나 잠자리를 관심 있게 바라보고 잡아보기도 한다. 자연의 모든 놀잇감으로부터 직접 느껴지는 시각적, 후각적 그리고 촉각적 자극을 통해서 수 개념, 무게감이나 부피감과 형태 등등을 아이들은 하나씩 알아가면서 살아있는 지식들을 쌓아가게 된다.

놀이를 통해 자연스럽게 세상의 지식을 배우다

이렇게 아이들은 놀이를 통해 자연스럽게 세상의 지식을 배워나간다. 교육이란 지식을 가르치고 인격을 길러주는 것이다. 지식을 배우는 데 제일 좋은 방법은 아마도 직접 경험하는 것일 것이다. 책상에 앉아 주입식으로, 암기로 지식을 받아들이는 것이 아니라, 감각으로, 직접적으로 체험을 하는 것만큼 효과적인 지식 습득 방법은 없다. 아이들이 놀이를 통해 직접 한 경험들은 책이나 스마트폰으로 경험하는 간접경험과는 다르다. 바깥에서 즐기는 놀이는 사물에서 알지 못했던 새로운 것들을 발견하기도 하는 즐거운 과정이 되는 것이다.

바깥 놀이는 아이들을 신체적으로 건강한 아이로 만들어 준다. 땀을 뻘뻘 흘릴 정도로 바깥에서 힘껏 뛰어다니고, 매달리고, 온몸을 바람에 맡기면서 술래놀이도 한다. 바깥에서의 신체 놀이는 실내에서와는 질적으로 양적으로 에너지 소모량이 다르다. 바깥나들이라도 했다 치면 쉬이 피곤해지는 이유가 에너지 소모량과 관련이 있어서이다.

아이들이 놀이를 통하여 부정적인 감정을 해소하지 못하면 감정 조절에 어려움이 생기게 된다. 이때 충분히 표현하지 못한 불편한 감정들로 인해 아이들은 항상 스트레스가 있고 불안감을 느끼게 된다. 아이들이 실컷 신나게 몸을 움직이면서 놀다 보면 힘이 다 소진된다. 그러면 스트레스가 해소되고 또 공격성이 사라진다. 힘을 쓰면서 몸으로 놀 때, 몸 안의 정체된 에너지와 부정적인 감정과 정서 등이 다 발산되기 때문이다. 그래서 《놀이의 힘》의 저자 데이빗 엘킨드는 신체 운동을 하면서 마음의 운동까지 가능하게 해주는 것이 놀이의 힘이라고 했다.

바깥은 자유다

밖에서는 실내에서 맛보지 못한 사방이 탁 트인 시원한 개방감과 해방감을 느낄 수 있다. 바깥에서 보이는 아이들의 적극적인 움직임에서는 실내에서 보이던 소극적인 면을 찾아볼 수가 없다. 바깥의 넓은 자연에 풀어진 순간 아이들은 스스로 나뭇가지나 솔방울 같은 것을 손에 쥐고 다른 놀거리를 찾는다. 땅을 파거나, 조그만 물웅덩이라도 발견하면 모두 그곳에 모여 손으로 모래성을 쌓기 시작한다. 더러움 같은 건 신경 쓸 여지도 없이 말이다.

아이들은 스스로 함께 모여 '무궁화꽃이 피었습니다'를 하고 논다. '얼음땡' 놀이도 시작된다. 흙놀이나 신체놀이 등을 할 수도 있고 친구와 신나게 제약 없이 뛰어다니면서 놀 수도 있을 것이며, 우연히 만난 돌멩이와 들꽃 같은 놀잇감을 가지고 소꿉놀이도 할 것이다.

열린 공간은 다양성을 의미한다. 열린 바깥 공간은 다양한 놀이를 가능하게 한다. 아이들의 생각대로 마음대로, 하고 싶은 대로 놀잇감을 가지고 놀 수 있다. 이렇게 아이들은 바깥에서 놀면서 다양한 경험들을 만난다. 의견, 대안, 갈등, 타협, 도전 같은 경험들 말이다. 아이들은 실수하고 실패하다가도 자꾸 반복하다 보면 반드시 성공하게 된다는 것을 어렵지 않게 배우게 된다. 아이들이 놀이를 통해서 실패와 도전과 한계를 경험하지 못한다면 어디에서도 자기 주도적인 깨달음을 얻을 수가 없다. 이렇게 쌓인 경험들은 아이들이 삶을 주도적으로 살 수 있도록 만드는 토대와 기초가 될 것이다. 실내에서의 놀이보다도 더 많은 자유가 보장된 바깥 놀이의 중요성이 여기에 있다.

《놀이의 기쁨》에서 이지현 박사는 바깥 놀이가 주는 중요성을 이렇게 강조했다.

> "위험에 부딪혔을 때 한계를 느낄 때 어떻게 대처해 나가는가 하는 능력은 자발적인 바깥 놀이를 통해서만 키울 수 있다."

바깥은 자유다. 아이들의 신체와 인지 능력을 키워주기 위해 아이들 손을 잡고 바깥으로 나갈 때다.

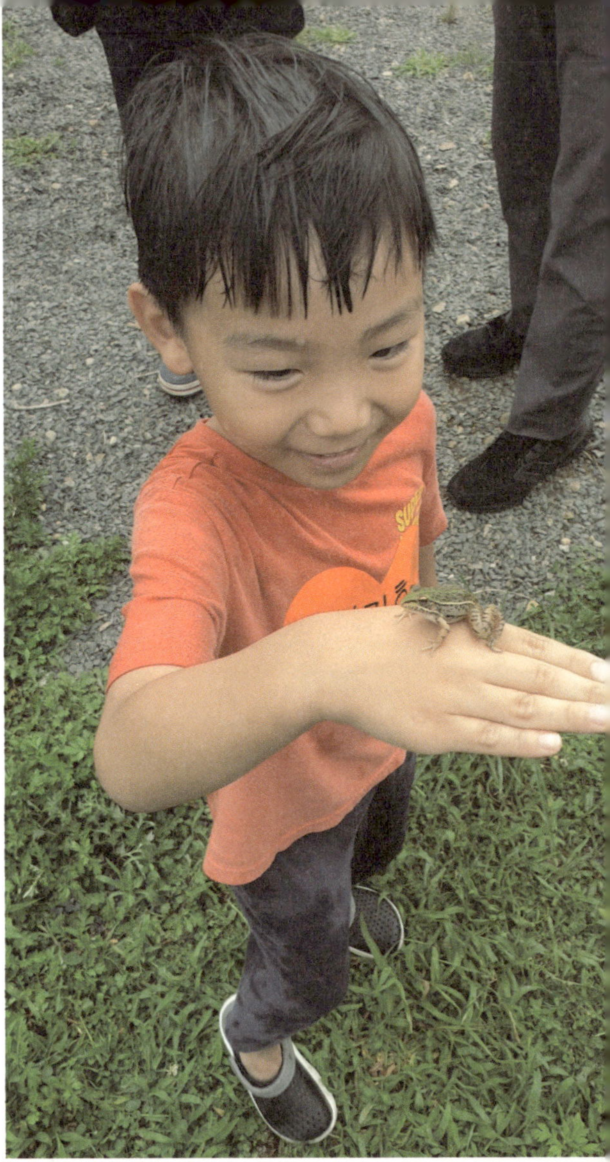

최고의 장난감은 돌, 물, 나뭇가지다

공사와 재난이 같이 일어나는 놀이현장

 숲속미술학교에 유치원 아이들이 놀러온 어느 날의 일이다. 아이들은 운동장에 흔하게 있는 돌멩이와 들풀들과 나뭇가지나 열매들을 주워 왔다. '아이들이 주워 온 것들을 가지고 어떻게 할까?' 궁금한 마음에 그 모습을 호기심 있게 지켜보았다.

 아이들은 소꿉놀이를 시작했다. 주워온 돌들 위에 풀과 꽃이 얹히면 근사한 식탁이 되었다. 풀을 돌로 빻아서 돌 접시 위에 올려놓기도 하고 색색의 꽃으로는 식탁을 장식한다. 한 친구는 엄마, 한 친구는 아빠, 또 한 친구는 언니나 누나, 오빠나 동생이 되어 가족놀이를 하기도 한다. 그렇게 즉석 상황극이 벌어지면, 아이들은 대사도 즉석에서 만들어낸다.

친구들 주위를 바쁘게 왔다 갔다 하던 남자아이 몇몇은 큰 돔 안으로 들어가더니 바닥에 흩어져 있던 크고 작은 돌멩이, 나뭇가지를 모아서 탑(?) 만들기를 시도하고 있었다. 그러나 모래로 된 땅바닥은 받쳐주는 힘이 부족해 나뭇가지가 서 있지 못하고 계속 옆으로 쓰러졌다. 돌멩이로 지지하고 모래에 깊숙이 파묻고 하면서 한참을 공들인 끝에 탑이 완성되자, 아이들은 탑의 맨 꼭대기에 들풀을 올려 장식했다.

자연에서 얻은 놀잇감이야말로 '열린' 놀잇감

아이들에게 최고의 장난감은 돌, 물, 나뭇가지 같은 정해진 형태가 없는 것이 좋다. 자연에서 생겨난 자유자재의 모양 그대로의 놀잇감, 모양이나 형태가 정해진 것이 하나도 없기에 상상력과 창의력을 자극하여 완전히 새로운 놀이로 노는 것이 가능하기 때문이다. 자연물들은 놀이 방법이 고정되어 있지 않기에 다양한 시도와 도전을 할 수 있다.

아이들은 일반적인 장난감과는 다르게 자연의 놀잇거리를 가지고는 스스로 뭔가를 만들면서 논다. 아이들의 고사리 같은 손에서 나뭇가지 쌓기, 소꿉놀이 외에 나로서는 이름조차 상상하기 힘든 기발한 놀이가 만들어진다. 놀이에 몰입하면서는 진지하게 집중하느라 아이들은 옷과 양말이 어떻게 되든 상관이 없는 듯하다. 물은 자연물 가운데서도 아이들을 가장 재미나게 해주는 물질이다. 모양과 형태가 없기로는 최고봉이 물이 아닌가!!

이렇게 아이들이 즐겨 사용하는 돌, 나뭇가지들은 원시시대로부터 인류가 다뤄왔던 생활의 필수 재료들이다. 인류의 조상들은 돌과 나뭇가지를 이용해 집을 짓고 사냥을 하고, 또 땔감을 구하고 짐승을 물리쳐 왔다. 우리 조상들에게 이것들이 절대 필요 요소였던 것처럼, 오늘날 이것들은 아이들이 자연과 함께 놀 때 놀이의 원천이 된다. 마르지 않는 샘과 같은 요소들인 셈이다. 자연의 재료를 가지고 놀 때 아이들은 상상력과 창의력을 마음껏 키우며 스스로 자연 앞에 맞서는 하나의 인류가 된다. 주도적으로 물건을 만들고, 자연을 '정복'하면서 말이다. 자연에서 얻은 놀잇감이 '열린' 놀잇감이 되는 이유이다.

생각 주머니가 확장되는 놀이

바깥에서 놀 때 아이들 머릿속은 온통 '어떻게 놀까?', '어디서 무엇을 가지고 놀까?'라는 고민이 꼬리에 꼬리를 물고 계속 연결되니 아이들의 생각 주머니는 확장될 수밖에 없다. 자연에서 얻은 놀잇거리들을 가지고 아이들은 다양하게 놀 방법들을 고민하고 생각해 내야 놀 수 있기 때문이다. 놀이에 대한 고민은 아이들에게 생각할 틈을 주니 아이들은 생각을 적용하고 표현해 가면서 상상력과 창의력을 키워 나간다.

우리는 흔히 창의성이란 아무것도 없는 것(無)에서 무언가(有)를 만들어내는 것이라고 생각한다. 그러나 '창의성'이란 새로운 생각이나 산물을 만들어내는 것 혹은 기존의 정보를 끌어내고 새롭게 조합함으로써 유용한 어떤 사물이나 아이디어를 만들어내는 능력이라고 한다. 창의성을 키우고자 한다면 《놀이의 기쁨》에서 브라이언 스미스 교수가 "익숙한 장난감으로 반복해서 놀 때 아이들의 창의성은 쑥쑥 자란다"라고 말한 것처럼, 익숙함과 반복이 결합될 환경이 제공되어야 한다.

아이들은 익숙한 놀잇감을 가지고 반복해서 가지고 놀 때 스스로 다양한 이야기를 상상하면서 혹은 재미있게 놀 방법들을 고민하면서 매일 매일 조금씩 진화되는 놀이를 하게 된다. 이 때 매번 새로운 놀이가 가능한 이유는 익숙한 것을 새롭게 보려고 하기 때문이다. 더 나아가 아이들의 생각은 일상에서 보이는 물건들도 편견 없이 보게 된다. 놀이를 통해 아이들의 상상력도 창의력도 커져간다. 정형화되지 않은 모든 자연 놀잇감들은 아이들의 상상력에 따라, 아이들의 손이 가는 데 따라 자유롭게 바뀐다. 그래서 자연놀잇감으로 눈에 낯익은데도 새로운 놀이가 만들어지는 것이다.

자율성이 놀이를 확장한다

일반적인 장난감은 정해진 메뉴얼이 있어서 부모들은 안내서대로 아이들이 놀아주기를 바라는 마음이 있다. 그래서 일반적인 장난감으로 놀 때 특히 부모의 간섭이 끊이지 않기도 한다. 그러나 자연 놀잇감으로 노는 놀이에는 아이들의 자율성이 많이 보장된다. 자연 놀잇감에는 매뉴얼이 없기 때문이다. 무엇으로 어떻게 놀아야 재미있게 놀까? 늘 스스로 생각하고 고민하다 보니 아이들 스스로의 의지와 의욕이 생겨나고 강해져 간다. 그리고 한 가지 놀잇감으로도 한 개의 놀이 방법이 아니고 여러 가지 놀이가 가능한 경험을 한다. 아이들도 생각해 본다. '어, 이렇게 해도 놀이가 되는구나.', '어, 나뭇가지가 요술방망이인가봐.', '여러 가지를 만들어 내네.'

이러한 경험들은 문제 해결에 좋은 실마리가 될 수 있다. 한 가지 문제에는 여러 가지의 해결 방법이 있기 마련이다. 문제가 생긴다면 아이들은 이런 경험들을 떠올릴 것이다. 아이들은 생각하고 고민해 보았던 다양한 놀이의 경험으로 어떤 문제 앞에서도 흔들리지 않게 문제들을 하나씩 둘씩 해결해 나갈 수 있을 것이다. 자연 놀잇감을 가지고 놀게 됨으로써 훈련된 경험치로 아이들은 자신도 모르게 문제 해결력을 키우는 모양이다. 문제 해결의 경험이 있으면 어떤 다양한 갈등이 생기더라도 우리 아이들은 차근차근 해결해 나갈 수 있을 것이다. 다양한 경험이 가능한 바깥 놀이는 아이들이 삶의 어려운 순간들을 이겨 나갈 수 있도록 삶의 기술을 배우고, 인내를 배우는 경험의 현장이 된다.

아이들에겐 공간이 필요하다

우리들의 아름다운 종이상자 아지트

어릴 때 한 번쯤은 동경한 트리하우스에 나만의 아지트를 짓고, 그곳에서 우리만의 비밀이 만들어지는 꿈을 꾸곤 했다. 실제로 나는 어렸을 때 그런 아지트가 갖고 싶어 아파트 옥상(지금은 옥상을 이용하는 아파트는 없지만, 그때는 옥상을 주민들이 이용했었다)에 친구들과 종이상자를 구해와 움막집(?)을 지어 놓았다. 종이 상자로 뚝딱뚝딱 만든 그 아지트는 비록 넓지는 않았지만, 어른들이 침범(?)할 수 없는 우리만의 성역이 되었고, 우리만의 비밀 기지가 되었다.

학교가 끝나면 친구들과 우리들의 아지트로 들어가 해가 지는 석양도 바라보고, 일요일에는 만화책을 잔뜩 빌려 와 좁디좁은 그 안에서 하루 종일 만화책을 들여다 보았다. 각자 집에서 가져온 과자를 나눠 먹고 낄낄대며 웃었던 기억이 있다. 우리들의 아지트에서 놀다 가는 날에는 집에 늦게 들어왔다고 엄마에게 엄청 야단을 맞곤 했다. 그래도 그다음 날이면 어김없이 우리들의 종이상자 집을 다시 찾곤 했다.

크로마뇽인의 돔과 은행나무 은신처를 만든 이유

숲속미술학교에는 뛰어다니기에 충분한 널찍한 운동장도 있지만, 아이들이 마음껏 뛰어놀고는 숨바꼭질 놀이를 하고자 한다면 제법 숨을 수 있는 공간들도 눈에 많이 들어온다. 숨어 있기에 좋은 공간들이 이곳저곳에 꽤 있다. 암벽 등반 놀이터 아래의 공간과 큰돔 놀이터와 나무집이 그렇다.

암벽 등반 아래에는 몸을 숙여 터널 안으로 들어가면 새로운 공간이 모습을 드러낸다. 반짝이 조명 아래 피아노와 함께 음악을 즐길 수 있다. 터널같이 숨겨진 장소여서 그런지 편안함이 느껴지는 공간이다. 돔 놀이터장은 아이들이 숨어 있기 좋아하는 특성을 반영해 제작한 조형물이다. 돔의 형태로 만들고 싶었던 이유는 '아이들에게 자유로운 공간이면서 보호받고 있는 공간은 어떤 형태일까?'에 대한 고민으로 결정되었다. 큰 돔 모래 놀이터는 '지오데식돔(Geodesic Dome)'이다. '지오데식돔'은 크로마뇽인의 움막에서 영감을 얻어 고안해 낸 삼각형의 다면체로 이루어진 반구형을 얘기한다. 21세기의 레오나르도 다 빈치라고 불릴 만큼 탁월한 발명 능력을 갖춘 벅민스터 풀러(Buckminster Fuller)가 고안했다고 한다. 이곳은 아이들이 돔 안에서 자유롭게 놀면서 동시에 부모의 관심도 유지되고 있다고 느끼는 공간이어서 아늑한 느낌이 들게 된다.

나무집은 아이들에게 그들만의 은신처가 되길 바라면서 만들었다. 나무집의 가장 큰 매력은 멋진 은행나무가 나무집 안에 있다는 것이다. 계단으로 올라와서 마주하는 은행나무는 감탄이 절로 나는 크기이다. 그리고 그 은행나무를 안아 보면 정말 대자연을 마주하는 느낌이다. 나는 은행나무를 최대한 상하지 않으면서 나무와 교감을 느낄 수 있도록 제작하였다. 나무 주변을 둘러쌓기는 했지만 나무에 실제로 기대는 힘은 없게 나무집을 제작하였다. 나무집 아래에는 편하게 쉬거나 일부러 찾아야 보이는 해먹 공간이 있다. 이곳 또한 아이들이 숨을 수 있는 공간으로, 보호받는다는 편안한 느낌이 들도록 제작되었다. 그래서 그런지 아이들이 많이 올 때는 해먹 공간은 아이들이 줄을 서서 기다리는 인기 공간이 되기도 한다.

숨으니까 편안하다

아이들은 원래 공간 사이사이의 자투리 공간이나 인디언 텐트 같은 데에서 놀면 꽤 오랜 시간 편안하게 논다. 엄마 배 속에 있던 기억으로 아이들은 이런 숨을 수 있는 공간에서 아늑함과 편안함을 느끼고 또한 안전함도 느끼게 되는 게 아닐까 하고 생각해 본다. 숲속미술학교에 숨을 수 있는 공간이 곳곳에 배치된 것은 아이들의 혼자 있고 싶은 마음, 드러내고 싶지 않은 마음을 존중하는 생각에서 구상되었다. 나는 그 숨을 수 있는 공간에서 아이들이 혼자만의 시간을 보내기를 바랐다. 자기 혼자만의 공간으로, 비밀스럽게 간직하고 싶은 뭔가를 궁리할 수 있는 공간으로 아이들이 이용해주기를 바란다.

아기 때 하는 까꿍 놀이는 대상이 보였다, 안 보였다 하는 과정을 반복하면서 사물이나 사람이 눈에 보이지 않아도 '존재'한다고 생각할 수 있는 대상의 영속성의 개념을 이해하는 데 아주 좋은 놀이다. 이 까꿍 놀이의 연장선처럼, 아이들은 숨을 수 있는 공간에서 자아에 대해 고찰하게 될 수 있다고 생각한다. 즉, 외부의 노출된 곳에서 신나게 노는 아이로서의 모습과, 또한 자기 몸을 은폐할 수 있는 숨는 공간에서 혼자만의 시간을 보내는 모습을 대비하면서 스스로 자기라는 대상을 두고 자아를 대면해 볼 수 있는 기회를 갖게 될 것이라 생각한다.

이 과정을 통해 아이들 스스로가 양면의 모습을 하고 있음을, 그래서 자신을 있는 모습 그대로 이해하게 될 것으로 생각한다. 때로는 속상한 마음을 도닥거리며 스스로 위로하면서, 혹은 칭찬받은 모습을 떠올리면서 아이들은 자아를 성숙시켜 나갈 수 있을 것이다. 이렇게 아이들은 혼자만의 비밀스러운 공간에서 자기를 알아가고 성장해 나갈 것이다. 그래서 아이들이 숨을 수 있는 공간에서의 놀이도 나름 이름을 붙여 본다면 혼자만의 까꿍 놀이가 아닐까.

숨으니까 살아난다

 인간의 가장 기본적인 욕구가 생존과 안전이라고 한다. 공간은 외부의 주변 환경으로부터 인간을 보호하는 역할을 함과 동시에 내부의 마음 상태에도 영향을 준다. 공간은 마치 살아서 꿈틀거리는 생물처럼 우리에게 말을 거는데, 스트레스를 주는 공간이 있기도 하고, 행복을 주는 공간도 있다. 구글이나 페이스북 같은 글로벌 기업의 사무실이 흡사 놀이터처럼 꾸며져 있고, 직원들은 일하는 건지 노는 건지가 구분이 안 되게끔 시간을 활용한다는 사실은 익히 알려져 있다.

 이처럼 사무 환경을 놀이터처럼 바꾸는 이유는 창의력 때문이다. 자유로운 분위기의 공간으로 인해 창의성이 생기고, 일의 효율성은 증가한다. 그만큼 공간은 사람에게 지대한 영향을 끼친다.

 여러 번 강조했듯, 이런 다양한 이유에서 아이들에게는 아이들만의 공간이 필요하다. 그리고 그 공간은 아이들에게 익숙한 곳이 되어야 한다. 그렇게 되어야 아이들은 익숙한 공간에서 편안함, 안정감과 자신감을 얻게 된다.

 현재 우리 아이들은 공부와 학습에 대한 부담감에 더해 교우 관계에서도 힘듦을 호소하는 일이 많다. 우리나라 전역 어디에도 안전을 얘기하지 않는 데가 없지만, 말뿐인 공허한 안전으로 아이들의 심리적 안전은 철저히 무시되고 있는 것은 아닌지 의문이 든다. 과도한 학습량과 놀이 시간의 부족으로 스트레스와 부담감을 짊어지고 사는 아이들. 이 아이들의 현실을 이제는 바라보며 개선할 때이다.

생각은 행동을 결정짓게끔 되어있다. 조경학과를 졸업하고 경관디자인 회사를 경영 중인 김경인 저자는 《공간이 아이를 바꾼다》(중앙북스, 2014)에서 학생은 관리의 대상으로만 여겨지기 때문에 학생 위주의 공간들이 만들어지지 않는다고 한다. 그러다 보니 우리 아이들이 숨어서 자기만의 시간을 보내거나 미래를 꿈꾸고 이상을 가져 볼 틈새 같은 공간이 없다. 아이들이야말로 이제는 관리의 대상으로서가 아니라 아이 자체만으로 충분히 사랑과 존중의 대상이어야 한다. 그래서 아이들이 숨을 수 있는 공간들에서 안정감과 즐거움을 느끼게 하고 싶어 숲속놀이학교의 공간을 숨어 있기 좋은 공간으로도 만들어 보려고 했다.

아이들이 저마다 공간을 마음껏 가지고 놀 수 있다면 자기 자신에 대해 깨달아 가며 두려움 없이 도전에도 용기도 가지게 되고 자유로운 상상력과 창의력도 마음껏 키워볼 수 있게 될 것이다. 우리 아이들에게 주어야 하는 것은 바로 이런 자유로운 공간에서 힐링하고 뛰어 놀고 도전하고 마음껏 실패하게 하는 일이다.

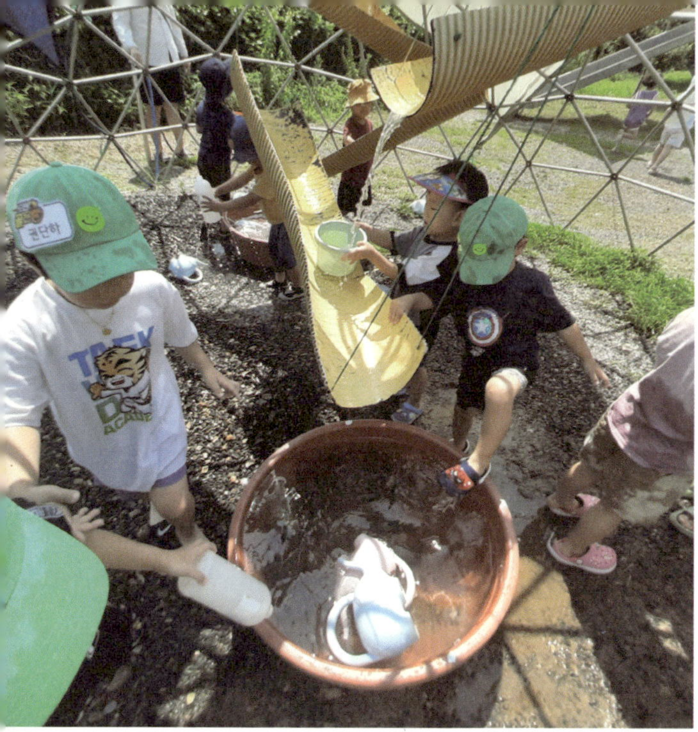

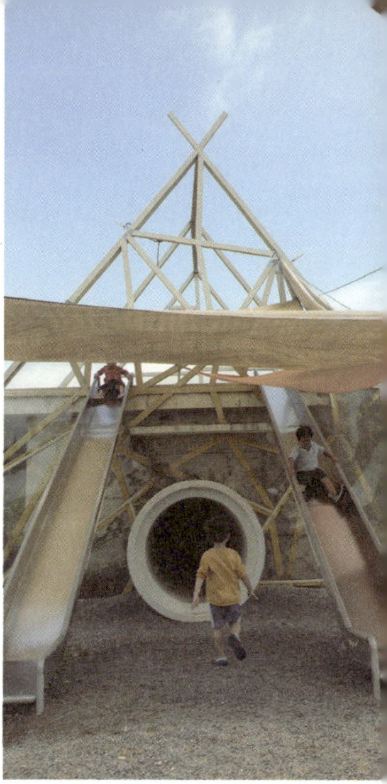

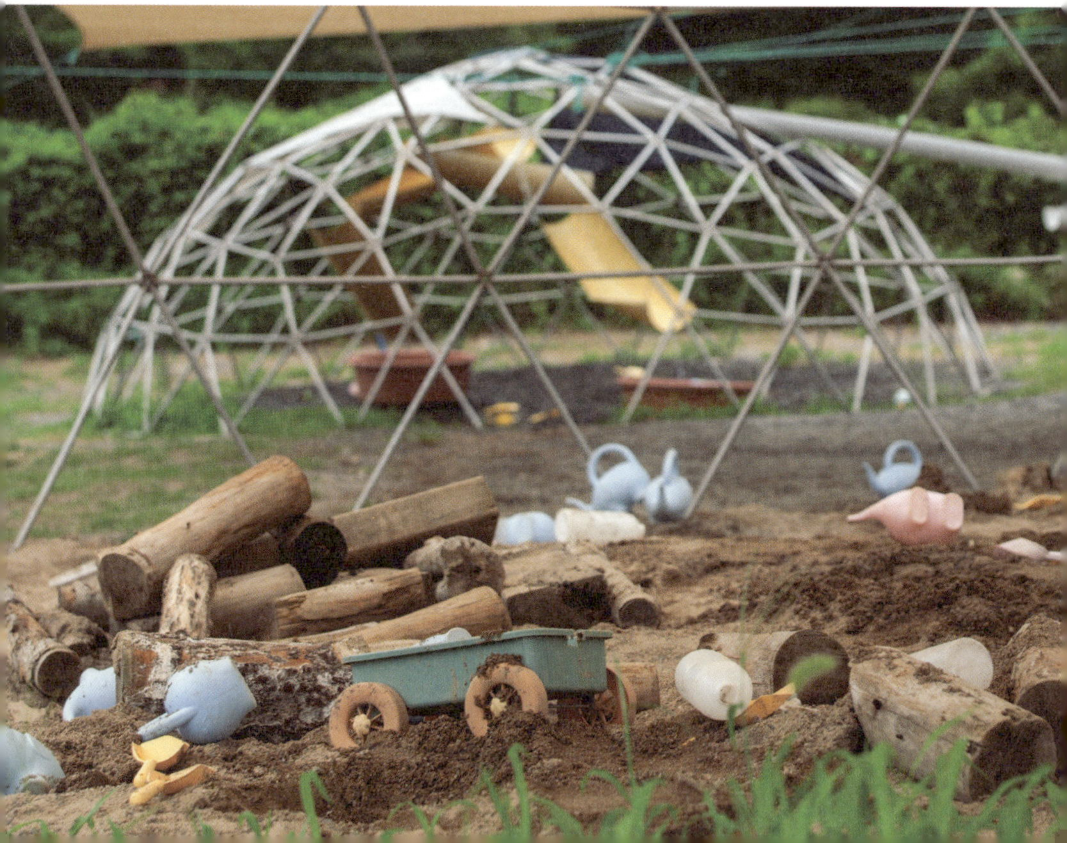

문제를 포기하지 않는 데서 회복 탄력성이 생긴다

부모가 "괜찮아" 하면 아이는 얼마든지 괜찮다

아이들은 넘어졌을 때 진짜 아프면 "으앙~" 하고 곧장 울음을 터트린다. 그때는 지체없이 도와주면서 "많이 아팠지?"하고 일으켜주면 된다. 그러나 넘어졌을 때 그리 많이 안 아프면 아이는 부모의 눈치를 보며 일어날까 말까를 고민하는 듯한 표정을 지으며 부모를 바라본다. 그때 아이가 혼자서 일어나길 기다려 준다면 아이는 능히 혼자서 일어난다. 부모가 "괜찮아" 하면 아이는 괜찮은 거다. 그러나 부모가 먼저 야단스럽게 수선을 떨면 아무렇지도 않던 아이조차 갑자기 울음보를 터트리면서 서럽게 울게 된다. 어린아이들에게, 부모의 반응은 이렇게나 크다. 아이가 넘어졌을 때 부모의 응원에 힘입어 스스로의 힘으로 일어나고자 애쓰고 결국 해내는 아이에게서 회복탄력성은 일찍부터 길러질 수 있다는 걸 보게 된다.

툭툭 털고 일어나는 힘

놀이에는 언제나 도전이 들어 있다. 새로운 것에 도전하기도 하고, 늘 하던 것을 반복해서 도전하기도 한다. 놀이하면서 실패나 실수를 두려워하지만 않는다면 모든 놀이는 성공할 수 있다. 애초부터 놀이엔 정답도 없고 오답도 없으며, 도전의 과정만이 있기 때문이다.

놀이를 많이 해본 아이들은 실패해도, 실수를 해도, 좌절을 해도 괜찮다고 생각한다. 놀이를 많이 해본 아이들은 처음부터 다시 시작하면 된다는 것을 안다. 원래의 규칙대로 놀던 아이들은 놀면서 새로운 규칙을 만들어가기도 한다. 원래의 규칙이든 새로운 규칙이든 놀이를 재미있게 하고자 변경하는 것이므로 놀이는 당연히 즐겁다. 그래서 어떤 힘든 상황이어도 힘들지 않고 즐거움으로 느끼게 된다.

아이들은 어떤 상황에서도 포기하지 않는 탐색하는 과정을 겪음으로써 마치 넘어져도 손을 탈탈 털며 일어나듯이 회복탄력성을 얻게 된다. 회복탄력성은 좌절과 역경을 딛고 일어서는 긍정적인 힘이다. 다시 툭툭 털고 일어나는 힘이다.

놀면, 유능감도 자존감도 높아진다

아이들은 놀이를 통해서 크고 작은 성취감을 맛보게 되면 유능감이 생기고 자연스레 자존감도 높아져 간다. 자존감은 자기 스스로를 긍정적으로 생각하여 자신을 존중하는 마음이므로 타인과의 비교에 흔들리지 않는다. 자존감이 높은 아이들은 아무리 어려운 문제와 상황이 닥칠지라도 문제를 포기하지 않고 극복하고 이겨나갈 수 있다. 물론 자존감 높은 아이들이라고 실패를 겪지 않는 것도 실수를 하지 않는 것도 아니다. 다만 스스로에 대한 가치감과 존중감이 커서 아무 일도 없었다는 듯이 극복해 나갈 오뚝이같은 힘이 있을 뿐이다. 그래서 자존감이 높은 아이들은 회복탄력성이 높은 것이다. 자존감이 높은 아이들은 스스로의 감정과 충동을 억제할 줄 안다. 자존감 있는 아이들에게는 자기조절능력이 있는 셈이다. 이 자기조절능력은 상황에 맞게 자기감정을 표현하고 자신의 욕망과 행동을 스스로 통제하는 능력이다. 자기조절능력은 실수를 겁내지 않고 도전해 보고, 규칙과 원칙을 지켜 나가며, 인내심 기르고 자기 자신을 있는 그대로 인정하는 과정 등을 통해 키워진다고 한다. 이 능력을 키우는 과정을 되짚어 보더라도, 자기조절능력은 놀이의 방향성과 관련이 있다.

아이들에게 유능감과 자존감이 형성되도록 하는 탁월한 교육은 놀이뿐이다. 놀이를 통해서 아이들은 스스로 선택하고 결정할 수 있는 자율성을 확보할 수 있고, 내면의 모든 부정적인 감정과 정서 같은 안 좋은 에너지를 날려 버리며, 정서적 안정감도 가질 수 있다. 또한 자신의 욕구와 행동을 타인과 조절해 가는 능력도 배우게 된다. 이러한 능력들이 아이들 안에 가득 찰 때 회복탄력성이 생겨나고 어떤 문제나 난관 앞에서도 전혀 주눅 들지 않게 된다. 그래서 도전하고 재도전하며, 좌절을 성공으로 바꾸어나갈 수 있고, 밑바닥에서 꼭대기 위로 치고 올라갈 힘이 아이들에게 생겨나게 된다. 이 회복탄력성이 있으면 실패에 대한 두려움으로 인한 포기는 있을 수 없다. 오히려 모든 일에 더 열심히, 끈기 있게 의욕을 불태우게 된다. 이렇게 아이들은 놀이를 통해서 내면과 외면의 힘을 키우면서 스스로 성장해 나갈 수 있게 된다.

아이에겐 자기만의 경험이 필요하다

아이들은 놀다가 넘어져서 툭툭 일어나는 경험도 하고, 친구들과 함께 놀면서 의견 충돌 후 서로 화해하면서, 다시 놀게 되는 경험도 하면서 다시 일어난다. 놀이에의 도전은 충분히 실수나 실패를 감수하겠다는 의지의 표현이고, 실패를 극복하는 과정이다. 실패나 좌절을 경험했다면 어디에 생각의 초점을 맞출까? 인생의 시련이나 위기를 맞닥뜨려서 이를 극복하고자 할 때 어디에 초점을 맞출까? 그것은 자기 자신에 대한 긍정적 마음이라고 생각한다. 난 할 수 있어, 실수해도 괜찮아, 실패할 수 있는 거야, 난 일어날 수 있다며 긍정적으로 생각하는 마음에 초점을 맞추면 쉽게 힘듦과 어려움의 고비를 넘어서리라 생각한다.

회복탄력성이 있으면 역경을 만났을 때 좌절하지 않고 긍정적인 마인드로 역경을 이겨내면서 다시 일어선다. 문제와 어려움이 닥치더라도 회복탄력성이 있으면 다시 일어날 수 있다. 역경과 어려움을 인생에서 한 번도 경험해보지 않는다면 역경이 닥쳤을 때 이것을 헤쳐나가기는 쉽지 않다. 마치 하늘이 무너진 것과도 같아서 한 번의 역경에 인생이 끝이 나버릴 수도 있다. 놀이에서 반드시 실패를 맛보아야 하는 이유가 바로 이것이다. 그래서 놀이에서는 어떤 경험도 무익한 것이란 없다. 실패 경험이 많으면 많을수록 성공 경험도 많으니까 말이다.

어떤 부모들은 이렇게 말한다. "실패는 아이나 부모의 마음 모두 아프니 미리 인생을 산 부모가 다 얘기해 줄게. 아이야, 너는 내가 하라는 대로만 하면 된다. 그러면 너는 지름길로 인생을 살아갈 수 있어"라고 말이다. 허나 이것은 틀렸다. 부모의 인생은 부모의 인생이고 아이의 인생은 부모의 복제된 인생이 절대로 될 수 없다. 아이의 인생은 아이 스스로 꿈꾸며 이뤄 나가야 한다. 어떤 것이든 아이는 아이대로 경험해야만 하고 아이의 삶을 살아가야 한다. 그러니 부모가 알려줘야 하는 것은 다른 것이 아니다. 그것은 실패할 거리를 없애는 것이 아니라 다만 우리 아이들에게 실패나 도전을 두려워하지 않고 이에 마주할 힘을 길러주는 것이다. 이 힘을 길러줄 때 놀이의 도전을 통해서 회복탄력성은 생겨날 것이다. 김소영 작가가 《어린이라는 세계》(사계절 출판사, 2020)에서 얘기하듯이 "그러니 어른들이 아이들에게 해줄 일은 무서운 대상을 없애는 것이 아니라, 그것을 마주할 힘을 키워주는 것" 아닐까!

탐색하면 호기심 쑥쑥, 창의력 불끈

나뭇잎만 가지고도 실컷 노는 아이들

아이들을 볼 때면 어쩌면 저렇게 나뭇잎 하나를 가지고도 다양하고 재미있게 놀 수 있는지 마냥 신기할 때가 있다. 특히 가을의 숲속미술학교 운동장은 나뭇잎 천지다. 그래서 가을에 아이들이 숲속미술학교를 다녀갈 때 나뭇잎을 주워서 보거나 나뭇잎을 하늘로 던져 나뭇잎 비를 맞거나, 나뭇잎을 관찰하거나 하는 것이 큰 놀이가 된다.

나뭇잎은 크기도 제각각, 모양도 제각각, 색깔도 제각각이다. 그래서 아이들은 나뭇잎만 펼쳐 놓아도 다양한 놀이가 가능하다.

특히 아이들이 이 계절에 가장 좋아하는 놀이가 은행나뭇잎이 잔뜩 떨어진 나무집 위에서 나뭇잎을 하늘에 날려보내며 던지는 일이다. 이 놀이는 던지는 사람도 재미있지만 보고 있는 사람도 미소를 머금게 만든다.

가을에 개인 참여 수업으로 참여한 한 아이가 나무집 위에 떨어진 나뭇잎을 보고는 한 움큼 쥐어 하늘로 던졌다. 떨어지는 나뭇잎과 나뭇잎을 던지는 아이는 아름다운 한 폭의 그림이었다. 그 모습을 지켜본 아이들도 너도나도 나무집으로 올라가 나뭇잎을 쥐고 하늘로 던졌다. 모두가 아름답게 떨어졌다.

나도 몇 번이고 올라갔는데 낙엽들을 그렇게 던져볼 생각은 못 했다. 한참을 낙엽을 하늘로 던지던 아이들은 곧 바닥에 떨어진 낙엽을 주워서 서로에게 던지기 시작했다. 서로 쫓고 쫓아가며 낙엽을 뿌리던 아이들은 낙엽 위에 눕기도 했다. 그렇게 낙엽 위에 누워 있는 아이가 있으면 그 위에 낙엽을 덮어 이불을 만들어주었다. 그렇게 아이들은 한동안 낙엽만으로도 한참을 놀았다. 몇몇 아이들은 낙엽을 만져보더니 낙엽에서 소리가 나는 것을 알고 손으로 비벼보거나, 잡아서 쥐어뜯기도 하였다. 바스락 소리가 신기한 아이들은 손으로 비벼도 보고 손에 나뭇잎을 들어 자세히 집중하며 관찰하기도 했다. 그렇게 '오늘 뭐 하고 놀지?'의 하루가 마감되었다.

관찰로 커가는 힘

아이들은 바깥의 계절마다 변하는 자연을 온몸의 감각으로 직접 체험하면서 실제적인 지식을 쌓아가고 관찰의 힘을 키워간다.

키 큰 나무를 만져 보고 안아 보고, 떨어진 나뭇잎도 생각이 많은 듯 한참 들여다본다. 나무의 각기 다른 형태들, 작은 꽃들의 예쁜 색깔과 꽃잎 모양들을 주의 깊게 관찰하면 평소에는 보이지 않던 것들이 보인다.

"어? 나뭇잎 모양이 저거랑 비슷한데 다르네?"

"어! 이 꽃은 꽃반지 하는 꽃인데!"

그러다가 어떤 아이는 플라타너스 잎을 주워 들더니 얼굴 앞에 대고는 가면놀이를 하기도 하고 우산처럼 받쳐 쓰기도 했다. 평소에는 보이지 않던 것을 찾아낸 것이다. 이처럼 온몸의 감각을 이용한 관찰은 사물을 주의 깊게 살펴서 사소하게 지나치기 쉬운 것들도 발견하고 파악할 수 있게 돕는다. 그리고 이렇게 깊이 관찰할수록 감각들은 훈련이 된다. 그래서 남들이 그냥 스쳐 지나가는 것을 유심히 관찰하게 된다. 아이들은 막연한 것이 아닌, 자신이 보고 느끼고 경험한 것을 생각하게 된다. 관찰이 생각으로 연결되고, 생각은 단계적으로 변모되며 발전해 나간다.

관찰할 때 중요한 것은 "왜?" 혹은 "이게 뭐지?"라고 생각하는 호기심이다. 호기심이 있으면 관심도 생기고, 행동으로 하고 싶어 하게도 된다. 호기심과 관심에 한껏 집중하다 보면 생각도 많아지고 질문도 늘어나게 될 것이다.

얼마 전 초등학생 한 친구가 나뭇잎을 하나 가져오더니 "선생님, 나뭇잎이 제 손바닥 닮았어요"라고 했다. 왜 그렇게 생각하느냐고 묻자, 아이는 자기 손바닥을 펼쳐 손금을 보여주고는 나뭇잎에 촘

촘히 나 있는 잎맥을 가리켰다. 아이가 왜 손바닥과 나뭇잎이 닮았다고 했는지 알 수 있었다. 이처럼 관찰은 좋은 질문을 만들고, 질문은 좋은 아이디어를 꺼낼 수 있는 통로가 된다. "왜?"라는 질문이 있고, 이를 바탕으로 주변을 주의 깊게 살펴보면 새로운 사실들과 새로운 아이디어를 발견하게도 된다. 호기심이 창의성과 연결되는 덕분이다.

아이들은 바깥 자연의 변화에 대한 관찰을 통해 스스로 생각하고 탐구를 하면서 공감 능력을 키워나가고 질문도 많이 하는, 호기심과 궁금증 많은 아이로 자라나게 된다.

정답을 알려주기보다 호기심이 꼬리를 물게 하라

비가 오고 난 뒤에 운동장은 곳곳에 물 웅덩이를 만들었다. 비가 오는 날에 놀러 온 아이들과는 투명우산에 꾸미기를 한다. 그렇게 꾸민 우산을 들고 밖으로 나간다. 아이들은 우산을 들고 비를 맞지 않기 위해 조심조심 걸어 다닌다. 운동장에는 비가 오면 물웅덩이들이 생긴다. 아이들과 부모님들은 장화를 신고 있지만 물웅덩이를 피해 우중 산책을 시작한다. 그러다 '우리 물웅덩이에서 첨벙 놀이 해볼까?'라고 놀이를 진행하면 아이들은 조심스럽게 웅덩이에 장화로 발을 담궈본다. 그러다 이렇게 조금 옷을 버려도 괜찮다고 부모님의 허락이 떨어지면 아이들은 물웅덩이에서 물첨벙놀이를 시작한다. 웅덩이에 고인 물들이 멀리 날아갈수록 아이들은 더 높이 뛰면서 즐겁게 놀이를 한다. 장화에 물이 잔뜩 들어왔는데도 아랑곳없이 아이들은 뛰어놀았다.

"여기는 왜 물이 고여요?"하고 한 아이가 나에게 질문했다.

나는 "어, 글쎄, 물이 세상을 더 보고 싶어서 일까? 너는 왜라고 생각해?"라고 물었다.

"우리가 이렇게 놀으라고 있는 게 아닐까요!!"

그러자 한 아이는 "여기는 진흙이라서 그래"라고 하고, 또 다른 아이는 "땅이 물을 많이 먹어 배불러서야"라고 했다. 그렇지. 땅이 배가 불러서 물웅덩이가 생긴 것이다. 배불러서 물이 빠지지 않은 운동장의 물웅덩이를 왔다갔다 하면서 아이들은 놀았다.

나는 아이들이 다녀간 뒤에도 "왜 물웅덩이가 생기지?"하면서 나에게도 질문했다. 나에게 질문을 던진 것처럼 아이들도 많은 것에 호기심이 넘치는 아이들로 잘 자라길 바라 본다.

"왜?"라는 질문은 이전에 생각하지 못했던 생각들을 하도록 이끌게 된다. "왜?"라는 질문을 하면서 흩어져 있던 산발적인 지식이 종합되어 자기만의 단단한 지식이 된다. 호기심이 많은 사람은 새롭고 기이한 것에 대하여 궁금증이 많아 무엇인지 시도해 보고 질문도, 고민도 많이 한다. 아이들의 호기심엔 정답이 있을 수 없다. 호기심은 아이들의 창의력과 탐색력을 쑥쑥 키워주는 역할을 할 뿐이다.

그 날도 비오는 날에 투명우산을 쓰고 모두가 함께 물웅덩이를 밟으면서 산책할 때였다.

한 아이가 앞쪽으로 오면서 "이렇게 비가 와서 다행이다"라고 했다. 내가 "그렇지? 이렇게 비 오는 길을 산책 할 수 있으니?"라고 하자, "아니요, 그렇지만 재미있어요"라고 한다. "왜 다행이라고 했냐 하면요, 비가 와야 저기 보이는 개구리도 물을 마실수 있고…"라고 했다.

비가 오니 어디 숨어 있었는지 개구리들이 많이 보이기 시작했다. 한 아이가 질문했다.

"개구리는 어디서 살아요?"라고 했다.

"글쎄, 개구리는 어디서 살고 있을까?"라는 대답에, 아이들은 "나무 위에서 살아요, 땅속에서 살아요, 연못에서 살아요, 바위틈에 살아요."라고 했다.

"그럼 개구리는 무얼먹을까?"라는 질문에도 아이들은 "흙을 먹고 살아요, 벌레, 모기, 물만 먹고 살아요, 피자도 먹어요"라는 대답에 모두가 웃었다.

"그래, 개구리도 만약에 피자가 먹고 싶으면 먹을 수 있을까?"라는 질문에는, "개구리는 돈이 없어서 피자를 사먹을 수 없다"라고 대답하자 "그럼 쿠폰으로 사면 되지"라고 했다. 아이들은 개구리는 전화기가 없어서 피자를 시켜 먹지 못하는 것으로 결론을 지었다. 그러자 한 아이는 개구리와 대화가 통하는 기계를 만들어 개구리가 좋아하는 피자를 선물해 주고 싶다고 했다. 대화는 끝도 없이 이어졌다.

창의성은 어떻게 기를 수 있을까? 각 분야에서 독서로든, 과학으로든, 예술로든 창의성은 길러진다고 한다. 그런데 나는 재미있는 놀이를 통해서 창의성이 가장 강력하고, 뚜렷하게 길러진다고 확신한다. 놀이의 다양한 경험을 통해 자신감, 사고의 유연함, 관점의 변화, 반복을 통한 치밀함 등이 길러질 수 있다고 생각한다. 또한 창의성은 상상력과 다르게 문제를 해결하는 능력이기도 하다. 창의성을 기르고자 하는 이유는 기존의 틀을 벗어난 자유롭고 다양한 사고로써 문제를 해결하는 데 있다. 문제를 해결하기 위해서는 오랜 시간 고민도 해야 할 것이고, 경험이나 새로운 여러 지식들을 이리 저리 시도해 보고 연결해 보는 과정도 있을 것이다.

우리는 누군가가 어떤 한 가지를 단순히 기술적으로, 기교적으로 잘할 때 창의적이라고 얘기하지는 않는다. 창의적인 사람의 세상을 바라보는 방식은 긍정적이고 희망적이다. 미래 자체는 불확실하다. 하지만 인류의 미래는 긍정적인 마인드를 가진 사람들에 의해서 발전할 수 있었다. 긍정적 자신감만이 유연한 사고로 새로이 발생되는 문제들의 해결력을 향상할 수 있기 때문이다. 탐색을 통한 호기심과 관심사의 발견, 그리고 그것들의 충족과 성취감을 통해 우리 아이들은 미래를 계획하는 사람으로 한 발짝 더 다가갈 수 있을 것이다.

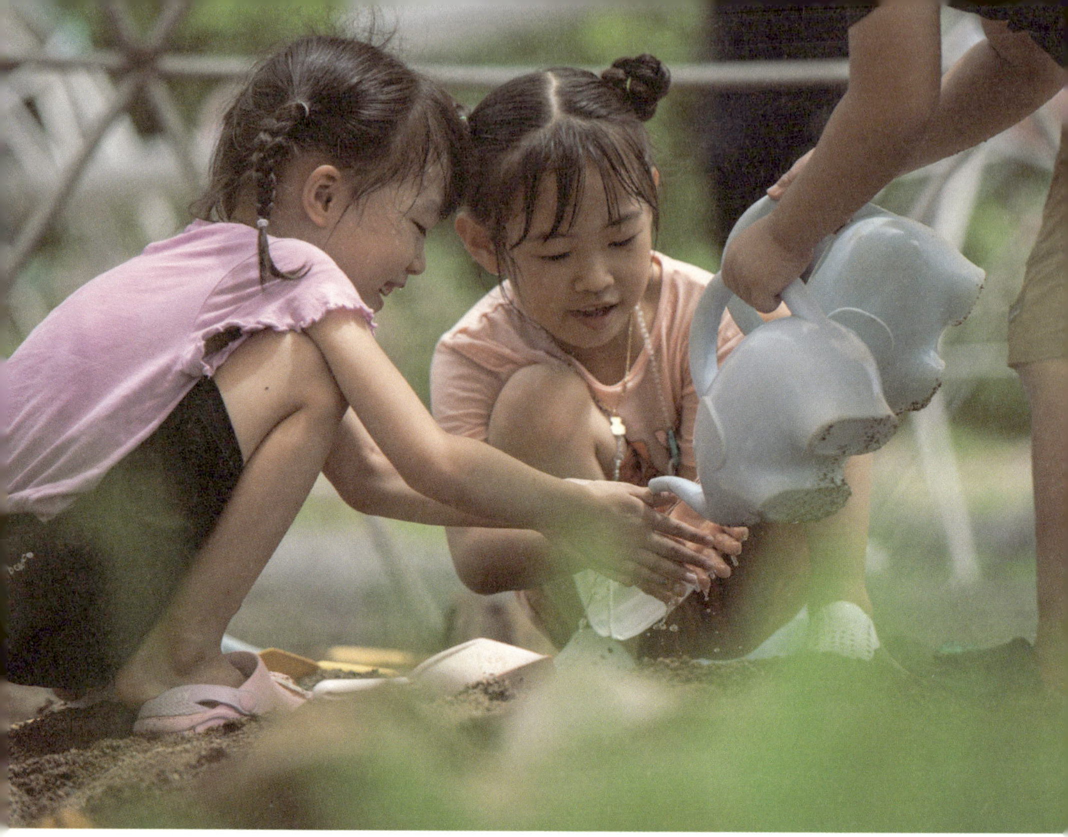

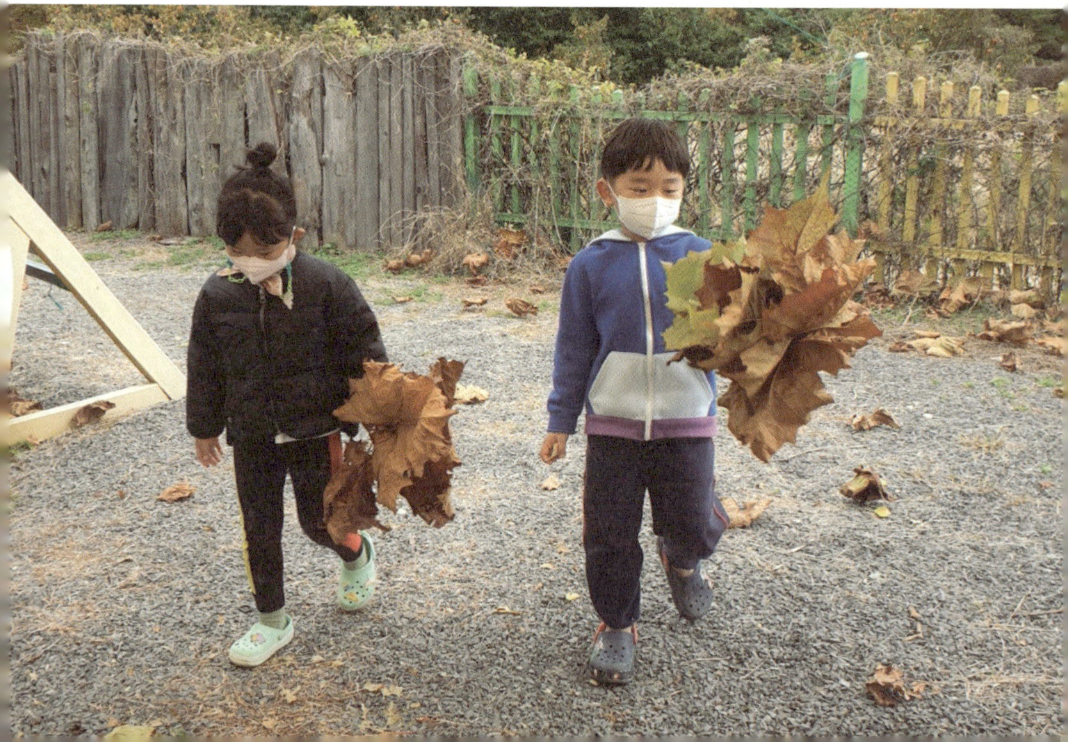

Chapter.5

미라클타임이 열리는 '숲속미술학교'로 놀러오세요

내 아이의
미라클 타임이 열리는 곳

미술은 자연스럽게 만나고 경험하게 하는 것이다

어느 봄날 개인 참여 수업이 열린 날, ○○와 ○○엄마가 걸어 들어오고 있었다. 딱 보아도 엄마에게 야단맞아 풀이 죽어 있는 모습이었다. 하지만 체험 수업을 마치고 돌아가는 ○○와 ○○엄마는 둘 다 표정이 밝아져 기분 좋은 얼굴을 하고 있다.

엄마가 물었다.

"○○야, 오늘 재미있었어?"

"응, 너무 재미있었어. 우리 내일 또 오자."

숲속미술학교의 프로그램들은 주로 강사가 진행하는 방식이다. 그러나 우리는 아이들에게 미술을 '가르치려고' 하지는 않는다. 아이들은 신나는 음악에 맞춰서 뛰어놀고 자발적으로 춤도

추고 서로가 어울리다 보면 그 공간이 하나의 미술 퍼포먼스 장이 된다. 온몸으로 물감 범벅이 되어 미술을 접하면서 놀이로 미술을 경험할 수 있다. 미술에서 가장 중요한 것이 놀이이고 미술이 놀이가 되는 수업이 우리가 바라는 수업이라고 생각한다. 다시 말하면 미술을 가르치는 게 아니라 자연스럽게 만나고 경험하게 하는 것이다.

미술은 놀이처럼 즐거워야 한다고 나는 생각한다. 우리 아이들이 이렇게 미술과 놀 때 창의력과 예술 감성들이 쑥쑥 자랄 수 있다. 아이들이 이곳에서 미술을 통해서 즐겁게 놀았다고 느끼며, 그렇게 기억되었으면 한다.

아이들이 놀이처럼 자연스럽게 미술을 만나고 경험하다 보면 어느새인가 아이들의 눈과 손의 협응력, 상상력, 창의력, 사회성이 향상되어 있을 것이다. 또 아이들과 부모님은 물감으로 범벅이 되면서 더욱 친해질 수 있다. 엄마한테 서운했던 감정들도 녹는다. 아이의 행동을 이해 못 하던 엄마도 이제는 아이의 행동이 이해된다.

이곳에서 아이와 엄마는 놀이로 스트레스를 풀고 간다. 그 결과, 자연스럽게 아이와 엄마의 관계가 좋아진다. 좋았던 관계는 더 좋아지고, 나빴던 관계는 회복된다. 즐거운 활동은 도파민 분비를 촉진하고 스트레스 호르몬 수치를 확 낮춘다고 한다. 여기서는 속이 뻥 뚫릴 정도로 실컷 놀 수 있다. 이렇게 변화가 생긴다.

사람들은 누구나 특별한 경험을 하는데, 그 경험이 평생을 결정짓는 원초적인 경험으로 다가올 수 있다. 2장에서 얘기했던, 아이들에게 인생에서 잊지 못할 장면을 만들어주라는 말처럼 말이다. 처음 동물원에 가서 동물들을 보고는 사육사가 되겠다는 친구가 있는가 하면, 날아가는 새의 날갯짓이 너무 아름다워 그 장면을 프레임에 담고자 사진작가가 되겠다는 친구도 있을 것이다. 나는 이곳이 아이들에게 혹시 있을지도 모를 모든 불편한 감정을 씻어내고 행복한 감정을 주는 공간으로서의 숲속미술학교가 되었으면 좋겠다. 그래서 숲속미술학교는 예술적 감성이 녹아나는 공간으로써 아이들이 따뜻하고 특별한 경험을 하는 장소이기를 꿈꿔본다.

따뜻하고 특별한 경험을 하는 숲속놀이터

달마다 계절마다 시시각각 다른 하늘이지만 이곳의 하늘은 참 맑다. 숲속미술학교가 위치한 '청하'는 이름처럼 아름다운 마을이다. 이 아름다운 마을에 있는 한 폐교를 리모델링해 미술 체험을 위한 공간을 만들었다.

신광에서 처음 만들었던 숲속미술학교를 청하로 옮겨온 지도 벌써 4년이 되어간다. 다른 문제도 많이 있었지만 놀이터 장소로 가장 적합한 공간에 낡은 폐창고가 있어 며칠 동안 골머리를 앓아야 했다. 다행히 폐창고는 변신하여 암벽등반 도전의 산이 되었다. 숲속미술학교 놀이터의 랜드마크가 된 것이다. 도전의 산의 건물은 안과 밖으로 나갈 수 있는 원형터널이 있다. 각각의 원형 터널은 안과 밖으로 이어진다. 안쪽에는 피아노들이 있어 연주를 하거나 들으면서 신나는 춤을 출 수 있는 공간이다. 안쪽의 작은 터널들을 통해 밖으로 나갈 수도 있다.

학교에서 제일 큰 은행나무 둘레에는 나무집이 있다. 나도 그랬지만 모두가 어렸을 때는 나만의 공간, 우리만의 공간이자 아지트인 나무 위의 집을 꿈꾸었던 것 같다. 그래서 나는 숲속놀이터를 만들 때 아지트 같고 한 번쯤 꿈꾸었을 것 같은 나무집을 짓고 싶었다. 숲속놀이터 나무집 위에서 바라보는 풍경은 또 색다른 맛이 있다. 이 큰 은행나무를 내가 혼자 독차지하고 있다는 느낌이 있는데, 아래에서 보는 느낌도 좋지만, 나무집 계단으로 올라와서 나무의 몸체를 바라보는 느낌은 자연을 가득 안은 듯하여 기분이 좋다.

나는 아이들에게 나무집의 길고 나지막한 미끄럼틀은 가능하면 누워서 하늘 보면서 내려오라고 주문하기도 한다. 물론 이 미끄럼틀도 여름이 오면 물이 내려오는, 즉 물 미끄럼틀이 된다. 아이들은 대형워터파크장보다 더 신나는 물놀이장이라고 하기도 한다.

물과 모래 놀이터의 공간은 돔의 형태로 만들었다. 돔의 형태를 지닌 이유는 '아이들에게 자유로운 공간이면서 보호받는 공간은 어떤 형태일까?'에 대한 고민으로 결정되었다. 더위가 있을 때는 그늘막으로 막아주고 간단한 비나 바람은 피할 수 있길 기대하며 구상되었다. 그래서 선택된 것이 지오데식 돔인데 지오데식 돔은 삼각형의 다면체로 이루어진 반구형, 또는 바닥이 일부 잘린 구형의 건축물을 말한다. 이는 기둥이 없으므로 내부 공간에 대한 활용성이 뛰어나다는 장점이 있다. 부모와 아이 간에 지켜보기 좋은, 반 발짝 떨어지는 효과도 있으며, 아이들이 안정감을 느끼는 곳이길 기대하며 만든 공간이다. 그래서인지 아이들이 가장 많이 모여서 노는 곳은 큰돔 모래놀이터장이다. 이곳에서 어제 다른 아이가 모래와 물로 놀았던 흔적들 위에서 놀거나, 완전히 새로운 곳에서 땅파기를 시작하는 아이들도 있다. 모두에게 새로운 놀이가 시작된다.

아이들이 가장 많이 하는 말 4종 세트

우리 숲속미술학교에 오는 아이들이 가장 많이 하는 말이 있다. 바로 "계속 여기 있고 싶어요, 엄마 내일 또 오자, 이곳에 살고 싶어요. 이 학교 다니고 싶어요"가 그 말이다.

아이들이 이런 말을 한다는 것은 그만큼 이곳에서 보낸 반나절이 너무나도 인상 깊기 때문이 아닌가 싶다.

하루는 초등학교 1학년 단체 친구들이 왔다. 아이들은 오전에는 놀이터에서 놀다가 각자 준비해 온 점심을 먹고 오후에는 물감범벅 놀이와 수영장에서 미꾸라지 구하는 프로젝트를 마친 후

잠깐의 물놀이를 하다 보면 일정이 끝난다. 선생님이 "이제 그만 가자고 하자"라고 하시자 아이들이 이구동성으로 말하는 소리가 들렸다.

"선생님, 저, 이 학교 다니고 싶어요.", "저도요"

이 말이 내 가슴을 울렸다. 아이들에게 우리 숲속미술학교가 즐거운 학교처럼 생각되었던 것이다.

어제 다녀 간 초등학교의 선생님께서 문자를 보내주셨다. "아이들이 그곳을 떠나기를 아쉬워하더라고요. 매사 열정적인 선생님들 덕분입니다. 감사드립니다. 숲속미술학교의 미래가 눈부시게 빛나길 바랍니다"라고 말이다.

내가 아이들에게 주고 싶은 순간도 이런 것이다. 아이들이 스스로 오고 싶어 하는 곳. 떠나고 싶지 않도록 재미있었던 곳, 아이들의 부족한 놀이를 채워 주는 곳으로. 이렇게 준비해서 내일도 아이들을 기다린다.

물감 오감 체험, 만지고 냄새 맡고 바르고!

물감이 아이들을 춤추게 한다

숲속미술학교 개인 체험 수업은 보통은 한 번 이상 다녀온 아이들이 연속 방문하는데, 오늘은 마침 이곳을 처음 방문하는 아이들이 대부분인 날이었다.

아이들에게 물감을 들고 물어본다.

"이것의 주재료는 무엇일까요?"

아이들은 다양한 의견들로 대답한다. "물요", "소금요". 가장 가까운 대답으로는 녹말가루라는 아이도 있었다. 한 아이가 엄마의 귀띔으로 "옥수수요"라고 한다.

"그래, 맞아요. 옥수수 물감입니다."

우리가 옥수수 물감을 사용한다는 것을 이곳에 다녀갔거나 다녀가기 위해 검색하며 알아본 엄마들은 알고 있다.

처음 물감 방에 부모와 아이가 들어올 때는 호기심 반, 의구심 반이다. 좀 엉성한 시설들을 보면서 '이게 뭐 재미있는 무언가가 되어줄까?'라는 생각을 하게 되는 것 같다. 그러다가 신나는 음악과 함께 조명 아래서 아이와 신나게 몸을 풀고 나면 조금은 긴장감이 없어지는 것 같다. 이후 조금씩 물감 범벅으로 서로의 얼굴과 몸에 묻히고 나면 둘의 관계는 무척이나 가까워지게 된다.

우리가 사용하는 옥수수 물감은 물에도 잘 지워지고, 냄새도 좋고, 무엇보다 가장 좋은 점은 미끌미끌하다는 것이다. 미끄러우니 바닥에 뒹굴 수도 있고 미끄러지기도 하고, 그래서 서로가 접촉해도 평소와는 다른 느낌이니 다른 감각으로 접촉이 일어나는 것이다. 도와주고 싶은 보호본능이 발현되고, 자유롭게 춤추고 싶을 만큼 마음대로 움직여지는 미끄러움으로 인해 보호받기보다는 함께 서로가 의지한다는 기분으로 안아주고 안기기도 한다. 그리고 모든 걸 내려놓고 바닥에 누워 헤엄치기도 즐길 수 있다.

"이렇게 엉망진창으로 놀 줄은 정말 몰랐어요"

물감 비가 쏟아지고 나면 한바탕 더 춤추는 시간이 있다. 아이와 함께 신나게 춤을 추고 나면 그렇게 물감 놀이가 끝이 난다. 그렇게 물감 놀이가 끝났는데도 아이들은 미련이 남아 바닥을 거북이처럼 헤엄치고 있다. "이렇게 엉망진창으로 놀 줄은 정말 몰랐어요"가 가장 자주 듣는 반응이다.

아이들이 시각적으로 알록달록한 색깔을 경험하고, 냄새 맡고, 피부로 느껴보며, 음악을 들으면서 함께 춤을 추는 신체 자극 체험은 놀이로 미술을 접할 수 있고 미술이 놀이가 되는 시간이다. 이렇게 놀면서 아이들은 미술이란 재미있고 쉽다는 인상을 느끼게 된다. 그리고 미술 재료인 물감으로도 자기감정을 표현할 수 있다는 것을 알게 된다. 물감을 통해 온몸으로 감각들이 열리게 된다. 손과 눈의 협응력이나 몸 곳곳의 근육, 손의 근육이 발달하게 되는 것은 물론이다.

보통 행동으로 움직일 때 아이들의 감각들은 살아나 생각이나 사고로 연결된다. 그렇듯이 아이들은 만져보고 많이 느끼면서 '물감은 끈적끈적하구나', '이걸로 어떻게 무얼 그릴 수 있을까?', '크레용은 딱딱한데 물감은 물이네'라는 생각도 하게 되며, 이런 감각 활동은 생각의 단초가 살아나는 데 도움이 된다. 이 체험 시간을 통해서 아이들은 미술에 대한 색깔의 이미지를 보고 느끼고 자기를 표현해 보기도 하며, 또한 아이와 엄마·아빠와의 살아있는 입체적인 미술 작품을 서로가 만드는 시간이기도 하다.

아이들과 부모 사이에 관계의 촉매가 만들어지는 것

아이들과 부모님은 함께 신체 놀이하면서 물감으로 엉망진창으로 놀게 되다 보면 그 와중에 그 부모와 아이와의 관계는 더욱더 돈독해진다. 숲속미술학교에서는 물감 체험 수업은 가능하면 부모님이 함께 참석해 주길 권유한다. 체험 수업에서는 물감의 특성상 미끄러지기 때문에 서로서로 의지할 수밖에 없는 상황이 된다. 부모님과 상호작용을 하면서 혹시라도 있을 서운하고 억울한 감정들은 온몸을 부대끼면서 해소될 수 있다. 동생은 나무라지 않고 자기만 혼낸다는 엄마에 대한 서운한 감정, 수학문제 몇 개 틀렸다고 혼내는 엄마에 대한 원망들이 쌓여 예쁜 얼굴에 나타났을지 모를 불편한 감정들이 놀이를 통해 정리되고, 아이의 표정은 다시금 밝아진다.

언어로 자기 생각과 감정을 원활하게 표현하지 못하는 우리 아이들도 자기 몸으로 마음껏 표현하다 보면 마음 안의 스트레스가 저절로 풀리게 된다. 우리 아이들 내면의 갈등이나 부정적인 감정을 충분히 발산시켜 줄 때 정서적인 안정감이 생기게 된다. 아이들은 부모님과의 관계에서 만들어지는 감정들이 여타 다른 사람과의 관계로 그대로 이어져 간다. 부모님과의 관계가 무엇보다도 좋아야 하는 이유이다.

아이들이 물감 오감 체험을 하면서 자신이 하고 싶어 하는 대로 몰입하고 사랑하는 부모님과 함께하니 행복한 순간 그 자체가 된다. 이때는 소중한 추억이 만들어지는 순간으로, 나중에 아이들이 그 시간을 떠올릴 때 부모와 함께 시간을 보낸 기쁘고 행복한 감정을 떠올리게 될 것이다. 또한, 아이들은 자신의 몸을 던지면서 신나게 놀았다는 느낌을 받으며, 그리고 물감을 가지고 1시간은 족히 놀았으니 뭔가를 해냈다는 기쁨과 만족감은 아이들에게 자신감을 주어 자존감이 높아지게 될 것이다. 자연스레 미술이 편해지고 친하게 느껴지는 것은 당연하다. 단지 물감으로 오감 체험을 했을 뿐이지만 아이들과 부모와의 관계의 촉매가 만들어지는 것이다. 이제 부모님과 깊은 교감은 시작되었다.

종이로
느껴보아요

종이로 무얼 하지요?

숲속미술학교에서는 일상의 재료를 다르게 놀기를 제안한다. 보통 종이를 가지고 노는 방법은 종이 위에 그리고, 찢고, 구기고, 자르고, 크고 작게 덧붙이고, 만들기 방법들로 놀 수가 있다. 색종이같은 종이가 아니라 화장지라는 일상의 생활용품도 가지고 놀 수 있는 재료가 된다. 화장지의 원래 기능은 변형되어 놀이도구로써 충실한 역할을 한다. '종이를 느껴보아요'는 일명 두루마리 화장지로 종이의 다양한 경험을 해보는 수업이다.

먼저 아이들에게 화장지의 용도를 묻는다. 질문을 통해서 아이들은 시선의 변화나 관점의 변화를 저절로 알게 된다. 수업 때 아이들에게 "화장지로 무얼 하지요?"라고 물어보면 모두가 "화장실에서 써요", "코 풀 때요", "뭐 흘렸을 때 닦아요"라고 한다. 그러면 나는 "그런데 오늘은 종이를 느껴 보는 놀이를 하기 위해 화장지를 사용해볼 거예요"라고 하면서 아이들과 화장지를 다르게 바라보는 수업을 시작한다.

30초 잭슨 폴록(Jackson Pollock)

아이들에게 물어본다. "화장지를 막 풀면 엄마가 좋아해요? 안 좋아해요? 그렇죠. 엄마가 막 야단칠 거예요. 오늘 숲속미술학교, 여기서만 경험해 볼게요. 종이 풀기는 좋은 기억으로만 간직하고 집에서는 하면 안 돼요. 그래도 너무 하고 싶으면 엄마에게 부탁해 보아요!!"

아이들과 함께 휴지를 찢으면서 놀다 보면 찢은 휴지로 때아닌 눈싸움이 일어난다. 종이 눈을 던져서 날려 보기도 하고 마음껏 엄마 아빠에게 던져보기도 한다.

이렇게 눈싸움을 벌이고 있을 때 물감 물이 등장한다. 빨주노초파남보의 무지개색 물감 물에 아이들과 종이를 넣어본다. 휴지를 물감 물에 넣어보라고 한다. 물론 아이들은 벌써 넣고 있다. 종이에 조금씩 물감이 스며 들어가면 손을 넣어 종이를 만지작거린다. 종이가 물에 풀리면서 풀어진 종이들을 아이들은 다시 조물조물 만진다. 물감 물을 만질 때 나는 눈을 감고 만져보라고 한다. 물과 함께 손에서 빠져나가는 종이의 느낌과 남은 종

이의 감촉을 더 잘 느끼길 원해서이다. 남은 종이는 아이들 손에 합쳐지기도 빠져나가기도 한다. 그리고 색깔별로 느낌이 다른지 다른 물감 물도 만져보라고 한다. 물감 물을 만져본 아이들은 풀어지는 것과 뭉쳐 단단해지는 감촉을 경험하게 된다.

    이런 촉감 놀이가 끝이 나면 하얀 벽을 향해 물감 종이를 던지는 시간을 갖는다. 아이들은 기다렸다는 듯이 물감 종이를 한 움큼 쥐고 벽을 향해 던진다. 물감 종이는 하얀 벽을 향해 날아간다. 날아간 물감 휴지는 파편처럼 흩어진 그림을 연출한다. 이렇게 마구 던지길 하다 보면 퍽 하고 터지는 느낌은 기분 좋음을 넘어 통쾌하기까지 하다. 이렇게 여러 색의 물감 휴지가 던져진 벽은 추상 표현주의 양식의 액션 페인팅 대표작가 잭슨 폴록(Jackson Pollock)의 그림을 연상하게 한다. 곧 사라질 작품이지만 아이들과 나는 아름다운 그림을 완성했다는 기쁨도 느낀다. 감상도 잠시, 이러다 보면 다시 한번 물감 종이 전쟁이 일어난다. 물감 종이들로 눈싸움이 일어난다. 아이와 엄마, 아빠 모두가 엉망으로 물감 휴지를 무기 삼아 공격한다. 온몸이 엉망진창이 된다. 모두가 서로의 모습을 바라보고는 활짝 웃는다. 이렇게 '종이를 느껴보아요' 놀이는 끝이 난다.

    이와 같이 처음 종이의 상태와 물과 물감과 같이 다른 재료와 만났을 때 완전히 다른 성질로 변화하는 모습을 아이들은 경험할 수 있다. 아이들은 물감의 혼용으로 색상의 변화를 몸으로 느낄 수 있게 된다. 더는 두루마리 휴지가 한 용도로만 사용하는 게 아니란 걸 알 수 있게 되었다.

일상의 재료가 놀이가 된다

동일한 놀이형식으로 집에서는 재료만 바꾸어서 잘 사용하지 않는 전단지나, 키친타올을 이용해서 해 볼 수도 있다. 전단지의 그림을 오려서 스케치북에 붙인다거나 전단지를 뭉쳐서 볼을 만들어서 제기차기도 해본다. 또한 키친타올로는 형이상학적 그림이 그려지는 화폭이 되기도 한다.

놀이를 시작하면서 아이들이 재료의 본질적인 느낌을 먼저 탐색할 수 있길 바란다. 원래 재료의 감촉과 성질이 미술놀이를 통해 온전히 경험되길 바란다. 화장지가 풀려 나갈 수 있다는 것, 찢겨질 수 있다는 것, 그리고 부드러운 감촉을 느낄 수 있도록 진행한다. 종이가 물과 만나면 물에 쉽게 젖어 흩어질 수도, 뭉쳐질 수도 있다는 걸 알게 된다. 물에 젖은 종이를 만짐으로써 자연스럽게 피부와의 접촉에 의한 촉감을 알게 된다. 그리고 물과 물감이 섞이고, 물감이 물에 쉽사리 녹는다는 것도 알 수 있다. 종이와의 결합을 통해 더 직접적으로 알게 된다. 다른 종이가 물감과 합쳐지면 더더욱 색상의 변화를, 또는 혼합색과의 변화를 느낄 수 있다.

물론 이렇게 변화한다고 가르치지는 않는다. 그러나 이 놀이를 통해 종이라는 재료와 색상의 변화를 느끼고 그 과정을 놀이

로 즐길 수 있다. 이렇게 색과 재료들을 경험한다면, 놀이 전과 놀이 후는 다양한 변화의 폭을 더 느끼고, 감각이 더욱 풍성해지리라 생각한다. 그리고 엄마 아빠와의 유대감, 친밀도도 더욱 강화될 것이다.

찰흙으로 나를 닮은 공룡 만들기

나를 닮은 공룡

　공룡 만들기 수업이 있는 날이었다. 처음 찰흙으로 공룡 만들기를 하였을 때는 아이들이 사물을 보이는 그대로 묘사하는 식으로 공룡 만들기를 하였으나, 모두가 나만의 공룡 만들기라는 주제로 수업한 이후는 독창적이며, 훨씬 생동감 있는, 정말 나만의 공룡이 탄생되었다. 이날 수업은 ○○유치원 6세반 아이들과 부모님이 함께 체험하는 날이었다.

　수업이 시작되면 공룡에 대한 영상을 간단히 보게 된다. 이럴 때마다 아이들이 공룡의 이름과 특징을 줄줄이 꿰고 있는 것에 나는 놀라곤 했다. 아이들, 특히 남자아이들이 공룡에 대한 관심이 많다. 남자아이들은 왜 공룡을 좋아하는 걸까? 남자아이와 여

자아이의 특성이 다름을 아주 실감하는 수업이다. 남자아이들이 유난히 공룡을 좋아하는 이유는 아마도 공룡이 주는 험악한 인상과 무시무시하고 생동감 있는 외관 때문이 아닐까 짐작해 본다. 공룡 만들기 수업은 다양한 공룡에 대해 미디어 수업을 진행한 후에 이루어진다. 나는 창의성은 주어진 정보가 있을 때 더욱 잘 형성된다고 생각한다. 미디어 수업은 공룡의 특징과 분류 시기별 형태로 소개한다. 간단한 미디어 수업 후 아이와 부모님께 "나를 닮은 공룡을 만들어 보아요"라는 주제를 준다. 아이들에게 내가 좋아하는 공룡을 만드는 시간이 아니라 나를 닮은 공룡을 만들라고 하면 부모님과 아이들 모두가 당황해 한다. 보통은 보이는 그대로 혹은 유사하게 만들기를 하는 것이 통상적 미술 수업경험이다. 그래서 그런지 나를 닮은 공룡을 만들라고 하면 조금은 더 신중하게 공룡을 고르는 것 같다.

아이와 가장 유사하다고 생각되는 공룡을 고른 다음 아이의 닮은 모습까지 같이 표현하라고 하면 처음에는 조금 어려워 한다. 그러나 오히려 나를 닮은 공룡이니 내 마음대로 표현해도 좋다고 하면 조금 더 쉬워하면서 의욕적으로 표현한다. 그러다가 아이와 의견 다툼도 일어난다. 앞다리가 짧은 티라노 사우루스를 표현하던 엄마와 아이는 "나는 팔이 훨씬 더 길잖아"라며 엄마와 논쟁을 벌이다가 울어버리는 장면이 연출되기도 한다. 그러다가 엄마가 ○○를 만드는 게 아니고 ○○와 가장 닮은 공룡을 만드는 것이라는 엄마의 설명이 있은 이후에는 눈은 더 크게 만들자는 제안을 엄마에게 하면서 울음을 멈추고 작업을 계속하는 모습을 보았다. 만약 그냥 공룡 만들기였다면 의견교환보다는 엄마가 안내하는대로 공룡을 만들었을 것이다. 마지막에 마무리 부분은 아이들 작품의 접합 부위가 떨어지는 불상사를 미리 방지하기 위해서 숲속 선생님들이 접합 부분에만 흙솔질을 하면서 손기름을 제거해 붙여주기도 했다. 그러나 모든 공정이 아이들과 부모님의 열정적인 토론과 협업을 통해 나를 닮은 공룡으로 완성된다.

서로 다른 공룡으로 표현

나는 이 수업이 결과적으로 모두가 창의적이며 독창성 있게 작품이 완성되도록 즐겁게 진행하고자 한다. 공룡을 만드는 과정에서 부모님과 자녀가 서로의 모습에 대해 토론하고 같이 협력하며 조절해 나가는 모습도 너무 좋아한다. 엄마가 자녀에게 "육식을 좋아하나요, 아님 초식을 좋아하나요"라고 묻자 아이는 "나는 둘 다 잘먹어요"라고 한다. 그래서 육식과 초식을 하는 공룡이 탄생하기도 한다. "○○ 키가 크나요? 빨리 달릴 수 있나요, 성격이 온순한가요?" 등 각각의 특징이 될 수 있는 사항에 맞추어서 공룡을 선택하는 팀이 있기도 하고, 그것과 관계없이 내가 좋아하는 공룡을 고른 후 나의 특징을 첨부하는 방식으로 만들기도 한다. 나와 가장 닮은 공룡을 발견하고, '내가 공룡이 된다면 어떤 모습일까요?'라는 생각을 하면, 그냥 따라서 만들기보다는 자신을 공룡과 비교해 보면서 상상력을 키울 수 있고, 스스로의 모습을 공룡 속에 표현해 보기도 한다.

  아이들 각자가 자신을 서로 다른 공룡으로 표현함으로 독창적인 방식을 개발하게 되고, 자신을 왜 그런 공룡으로 생각하는지에 대해 이야기를 나누면 자기에 대한 이해도 깊어진다. 이런저런 다양한 공룡에 대해 미리 알아야 함으로 이미 알고 있던 공룡에 대한 새로운 지식이 더해지는 것은 당연한 일이다. 우리가 공룡에 대해서 이해하는 것만큼 자신에 대해, 아이에 대해 이해하고 서로의 다른 특징을 공감하게 되는 시간이다.

세상과 자기 방식대로
교류하는 아이들

"누구, 여기 조립하는 거 도와줄 사람?"

　숲속미술학교에 초등학교 1학년이 방문한 날이었다. 오전에는 바람개비 수업이 있었다. 숲속미술학교 바람개비는 친친꽃 바람개비라는 이름으로 진행되는 수업이다. 나와 친한 사람과는 더욱 친해지고, 앞으로 친해지고 싶은 사람과는 친해진다는 바람을 담는 바람개비를 만드는 수업이다.

　그런데 수업이 시작되고도 한참이 지났는데도 아직 이름조차 쓰지 않은 한 아이가 있었다. 바람개비 앞쪽 동그라미에 자기 이름을 쓰고 이름을 꾸미는 것에서 수업이 시작되는 터라, 이름을 쓰지 않은 아이는 시작조차 하지 못하고 있었다. 숲속미술학교 강사 선생님이 물었다.

"이름 써 볼래?"

묵묵부답이었다. 옆의 다른 아이들이 "걔는 원래 아무것도 안 해요"라고 말했다. "그래?" 하고는 다시 한번 그 아이에게 말했다.

"내가 성을 쓸 테니까 너는 이름만 써 볼까?"

이렇게 말하고는 성을 써주었다. 그러고 나서 강사 선생님은 "이름은 네가 쓰렴" 하는 간단한 말만 남기고 다른 아이들 만들기를 둘러보러 떠났다. 잠시 뒤 다시 돌아와 보니 아이는 여전히 아무것도 하지 않고 있었다. 강사 선생님이 쓴 성만 적힌 채 그대로 아무런 움직임도 없이 고개를 떨구고 아이는 바람개비만 보고 있었다. 강사 선생님이 다시 그 아이에게 말했다.

"그럼 바람개비를 조립해 볼래?"

그랬더니 고개를 끄덕이는 반응이 있었다.

"그럼 바람개비 조립해 볼까?"

그 아이는 혼자서 바람개비 조립을 마쳤다. 아이가 조립을 마치자 강사 선생님은 "와, 대단한데! 정말 멋지다!!"라고 응원해주었다. 강사 선생님은 내처 아이에게 물었다.

"바람개비 조립이 힘든 친구들을 도와줄 수 있겠니?"

그 아이는 다시 고개를 끄덕였다. 강사 선생님은, 이번에는 모두를 향해 물었다.

"지금 혼자서 바람개비 조립하는 게 힘든 친구 있어요?"

그러자 누군가 저쪽에서 손을 들었다. 강사 선생님은 조금 전 조립을 마친 ○○○를 불렀다.

"○○야, 여기 조립이 필요해."

이렇게 해서 ○○는 거의 10명의 친구들 조립을 도와주었다.

누군가를 돕는 일이 기쁨이 되는 순간

누군가를 도와주는 일은 그 자체로 기쁨이자 보람이 된다. ○○이는 친구들을 도와줄 때마다 신이 나서 이곳저곳을 왔다 갔다 바삐 움직였다. 도움받은 아이들도 "○○야 고마워" 하며 감사의 말을 잊지 않았다. ○○ 덕분에 조립을 무사히 마친 아이도 기분이 좋아 보였다.

"자, 이제 완성된 바람개비를 들고 운동장으로 나가자" 하면서 모두가 바람개비를 들고 운동장으로 나갔다. 조금 늦게 나온 ○○의 바람개비에도 이름이 완벽하게 쓰여 있었다. 운동장으로 나온 아이들은 마치 물 만난 물고기처럼 뛰어다녔다. ○○가 친구들과 어울리며 놀고 있는 것도 보았다. 단체 사진을 찍을 때도 얼굴에는 자신감 있는 환한 얼굴로 웃고 있었다. 이름이 완벽하게 쓰인 바람개비를 힘차게 흔들면서.

나는 처음 바람개비 수업을 계획할 때만 해도 '대부분 초등학교 운동장이 넓기만 한데 뛰어노는 것이 뭐 그리 대수일까?' 하고 생각했었다. 그런데 우리 숲속미술학교에 오는 선생님들이 공통으로 하는 말이, 아이들이 이곳에 와서 비로소 마음 놓고 뛰어다니는 것을 보니 기분이 정말 좋다는 것이었다. 그 연유를 물어보니, 요즈음 짓는 학교는 운동장이 넓지 않아 전교생이 이렇게 뛰어다닐만 한 공간이 없다고 하셨다. 숲속미술학교의 운동장이 쓰임을 받고 있다니 기분은 괜찮았지만, 한편으로는 우리 아이들이 일과 대부분을 학교에서 보내는데 운동장에서조차 마음껏 뛰어다닐 수 없다니 마음이 쓰라렸다.

그 아이가 불을 끄자 일제히 "와~" 하는 탄성이 나왔다

얼마 전 숲속미술학교 강사 선생님이 겪은 이야기가 너무 인상 깊어 여기 소개하고자 한다.

작년, 한 초등학교 아이들이 숲속미술학교를 방문했다. 강사 선생님도 알고 있는 A가 다니는 학교였다. 강사 선생님이 알기로 그 초등학교에는 자폐 아동이 몇 명 있었다고 한다.

놀이학교의 물감 수업이 시작되자 학교 선생님들이 따라 들어와서 아이들과 함께 프로그램을 진행했다. 그런데 아이들이 그중 한 자폐아 친구를 놀리기 시작했다고 한다. 그 광경을 본 O 선생님은 아이들의 행동을 중재했지만, 거기서 더 나아간 가르침을 주지는 못했다고 했다. 그 아이와 다른 아이들이 좀 더 잘 어울리고 놀 수 있도록 도왔어야 한다는 후회가 든 것은 아이들이 다 돌아가고 난 뒤였다고 했다.

이후 강사 선생님은 자폐 아동이 다른 아이들과 문제 상황에 부딪혔을 때 어떻게 하면 좋을지 나와 의논하기도 했다. 그러고 나서는 아동심리를 전공하는 친구에게 조언을 구했다. 강사 선생님은 아동심리 전공 친구의 말을 빌려 이렇게 전했다.

"자폐 아이에게 가장 중요한 것은 눈높이에 맞추는 대화법이라고 하더군요."

강사 선생님은 그 말을 듣고 앞으로 숲속미술학교에서의 자폐아 대응 방법을 눈높이 맞추는 대화방식으로 진행하기로 했다.

그런데 얼마 전에 실제 그 상황이 일어났다. 자폐 스펙트럼 증상을 앓고 있는 한 아이가 숲속미술학교에 방문했는데, 행동 규범 능력이 다른 또래에 비해서 조금 달라 보였다. 그 아이는 수업을 할 때 튀는 행동들 많이 하며 계속 돌아다니고 혼자 활동하는 부분들이 있었다. 그래서 그날 강사 선생님은 해당 아이의 또래 나이에 맞춰 아이의 눈높이에서 이야기하기로 하고 행동을 시작했다.

수업 진행 도중 그 아이가 강사 선생님께 "불을 끌까? 불을 끌까?"라고 반복적으로 물어왔다. 강사 선생님은 아이에게 "불은 나중에 선생님이랑 같이 끄자"라고 얘기했다. 그러고 나서 실제로 불을 끄는 시간에 그 친구를 앞으로 불러내서 불을 직접 끄게 하였다. 반 친구들은 아이가 불을 껐을 때 일제히 "와~" 하고 탄성을 질렀다. 물감놀이 수업은 형광물감으로 진행하는 것이라, 사방이 깜깜해지면 일순간 형광물감이 일제히 빛을 발했기 때문이다. 그 친구의 행동으로 인해서 형광물감이 드러나는 것을 본 아이들은 매우 흥분하며 좋아했고, 몇몇 아이들은 불을 끈 친구를 칭찬하기까지 했다. 그래서 그런지 아이들 간에 처음 시작 전보다 유대감이 형성되고 끝까지 즐겁게 수업을 마칠 수 있었다.

강사 선생님은 그날의 일화를 이야기해 주면서 당시의 기쁨이 다시 생각나는 듯, 조금은 흥분한 모습까지 보였다. 강사 선생님이 말했다.

"숲속미술학교는 장애가 있거나 심리적으로 불안한 친구들이 오더라도 다 같이 함께할 수 있는 놀이 문화가 있어 정말 좋은 공간입니다."

아이들은 작은 터치만으로도 불을 밝힌다

아이들은 아직 너무 어려서 마음의 근력이 약한 탓에 깨지기가 쉽다. 아이들의 마음은 깨지기 쉬워서 조심조심 다뤄야 한다. 반면에 아이들은 아이이기에 금방, 쉽게, 다시 회복한다. 말 몇 마디에 약간의 작은 신체 접촉만으로도 다행히 모든 서운한 감정들이 해소될 수 있다. 숲속미술학교에는 아이들의 감정을 터뜨릴 수 있는 자그마한 터치의 역할을 하는 놀이 수업들이 있어서 너무 다행이다. 아이들의 마음 그릇에 화가 품어지지 않게, 좋은 것만 담기기를 바란다.

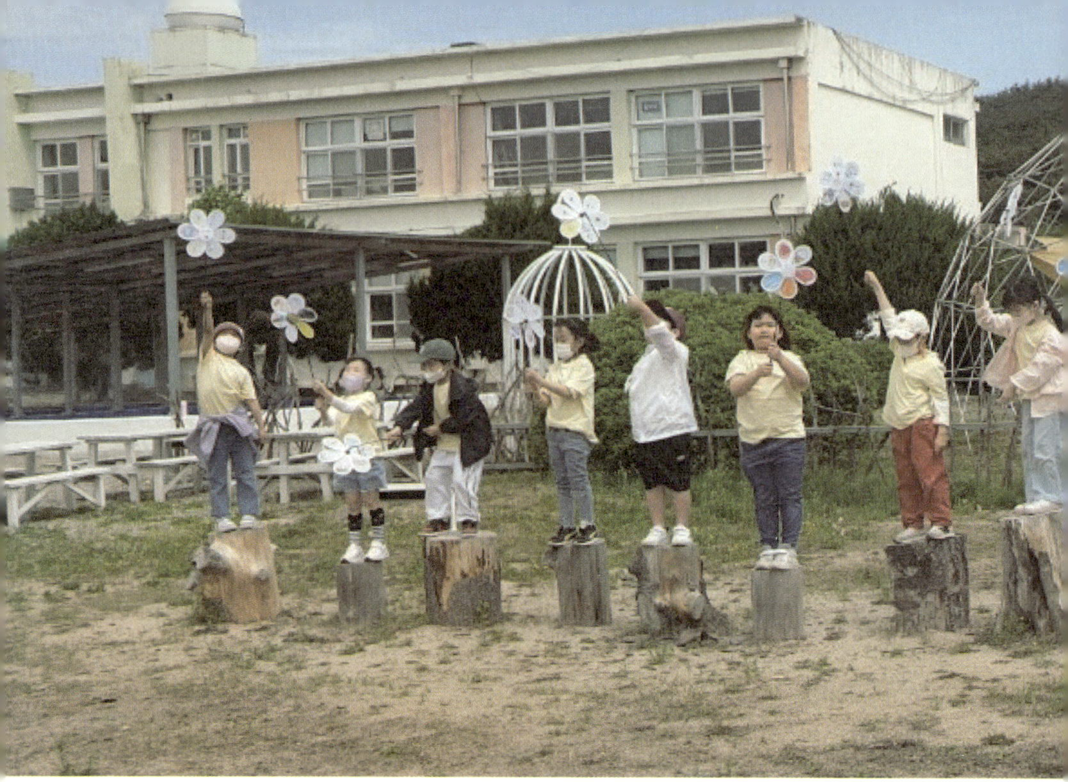

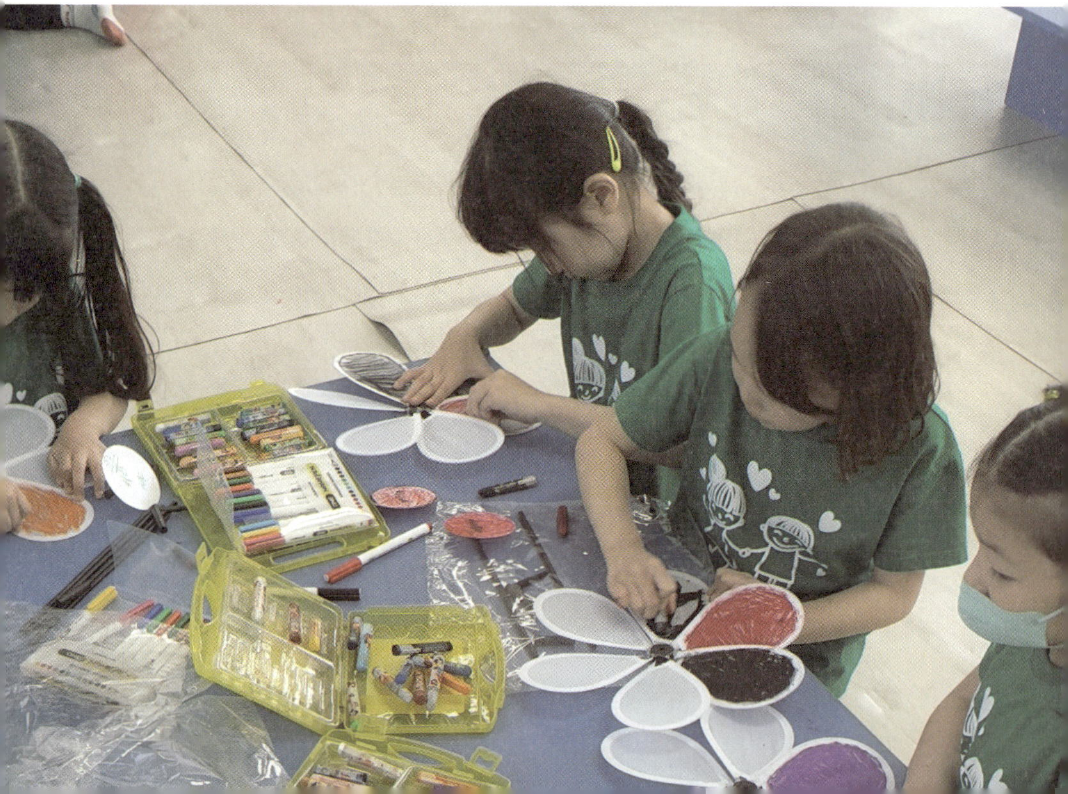

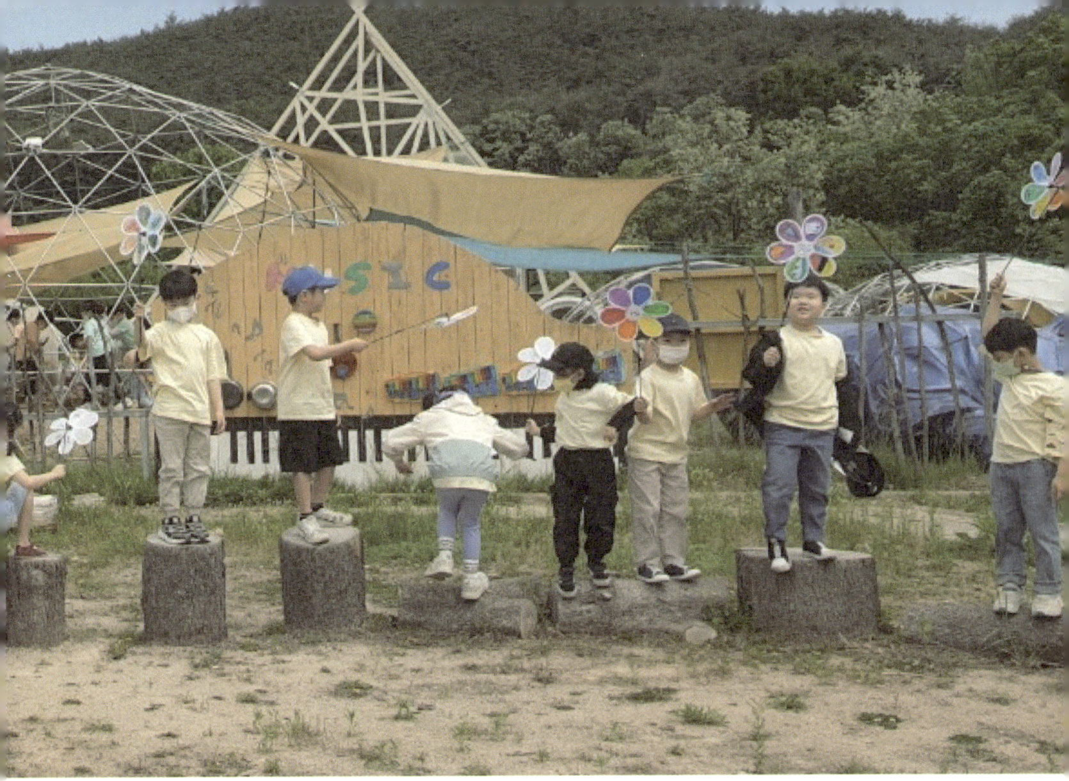

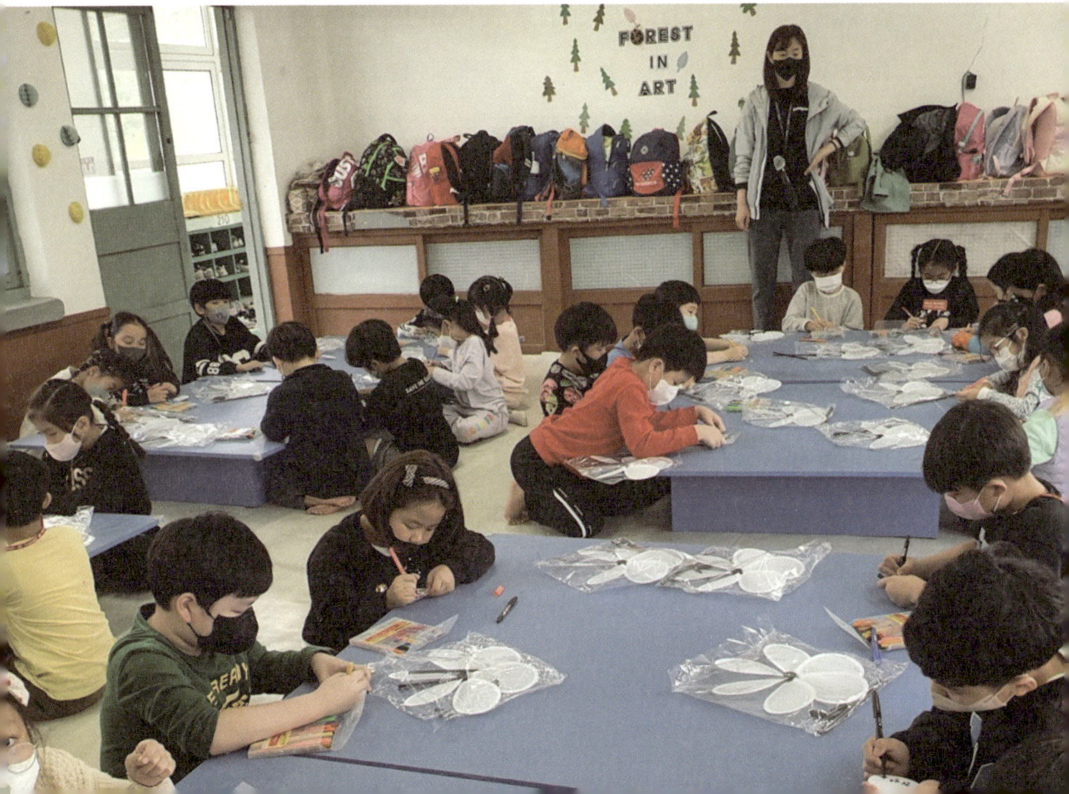
FOREST
IN
ART

―― 에필로그 ――

숲속미술학교에서 놀이밥을 먹으며 자라는 아이들은 세상과, 사람과, 자연과 친구가 되는 법을 배웁니다

이 책 《미술 놀이의 기적》 속에는 전체 내용을 가로지르는 세 가지 키워드가 있습니다.

첫째, 공간입니다.

프랑스의 사회학자이자 철학자였던 앙리 르페브르(Henri Lefèbvre)가 공간을 '자연'의 단순한 현상이 아니라 생산물과 결부시켜 이해하고, 도시 공간과 자본의 관계를 분석하기 이전만 하더라도 우리에게 공간이란 그저 텅 빈 여백에 지나지 않았습니다.

하지만 지금 우리에게 공간이란 무엇일까요? 8학군에 접근성이 좋아야 땅값이 오르고, 유명 학원 밀집 지역에 가까운 아파트가 비싸며, 심지어 초등학교부터 같은 반 학생끼리도 거주 공간의 형태에 따라 아이들이 다시금 그룹을 형성한다는 웃지 못할 상황이 뉴스에 종종 보도됩니다.

자본주의, 산업화 이전의 사회에서 우리는 그 어떤 인위적 요소가 개입되지 않은 순백의 공간인 자연, 그 텅빈 여백 속에서 다양한 상상력과 창의력을 펼쳤었고, 이것은 우리가 기나긴 삶의 나머지 페이지에서 우리를 기다리고 있을 근심, 걱정, 온갖 위험, 경쟁을 겪어내면서도 포기하거나 좌절하지 않을 원동력이 되어 주었습니다.

이 책 《미술 놀이의 기적》에서는 바로 그 공간의 문제에 대한 근본적이면서도 강렬한 답안으로 '숲속'으로의 교육 공간적 복귀를 제시하며, 그 순백의 공간 속에서 본연적 인간성, 감수성, 소통으로 우리 아이들 자연스럽게 나아갈 수 있도록 돕는 역할을 합니다.

둘째, 놀이입니다.

《삼국사기》의 〈신라본기〉 진흥왕 조에 실린 신라 화랑의 수련 방법 중 하나로는 '유오산수(遊娛山水)'라는 것이 있습니다. 이때의 '유(遊)'라는 글자에 주목하면 이 어구의 뜻이 참 재미있습니다. 얼핏 '산수에서 놀며 즐긴다'라는 의미로 풀이할 수 있겠지만, 해당 내용이 신라 삼국통일의 밑그림을 그린 위대한 진흥왕 시절의 화랑도 교육에 대한 이야기에 나온다는 점은 이때의 '놀다'에 자못 의미심장한 교육적 함의가 있음을 암시합니다.

그렇습니다. 고대인의 교육관, 그것도 국가의 최고 인재들을 키워내 삼국통일의 꿈을 이루고자 하는 단체의 교육적 실행 방법 중 한 가지가 바로 '놀이'였던 것이며, 이때의 '놀이'는 단순한 유흥이 아니라 신체와 정신을 골고루 수양하며 단련시킬 수 있는 전인적 교육의 총화를 함축하는 단 하나의 단어였다고 합니다.

매우 우연인지 필연인지, 바로 그 신라의 이야기들로 가득찬 이 고장에서 숲속미술학교를 통해 우리 아이들에게 '놀이'로써 창의성과 감수성을 풍부하게 할 수 있는 교육의 공간을 꾸려 가고 있는 점에서 저 역시 새삼 자부심과 책무를 동시에 느끼게 됩니다.

셋째, 미술입니다.
인간의 오감은 기술의 발전을 통해 다양한 확장을 이루게 되었고, 이제는 심지어 AI의 발달로 인해 인공적으로 인간의 감성까지 흉내내고자 도전하는 세상이 되었습니다. 하지만 인간이 AI에 절대 내어줄 수 없는 '주인의 자리'에 적합한 필수 역량이 있다면 무엇일까요?

바로 창의성과 감수성의 분야입니다. AI는 본 것을 조합할 수 있지만, 인간은 못 본 것조차 꿈꿀 수 있습니다. 우리의 꿈은 개인의 창의성은 물론 집단의 기억과 무의식, 정서의 전승, 그리고 집단이 이뤄내는 팀워크와 서로간 물리적 결합을 넘어선 화학적 결합의 수준으로까지 승화되는 감수성을 통해 더욱 시너지를 냅니다.

또한 이와 같은 오감의 발달, 창의성과 감수성의 발달을 아주 어린 시기부터, 글자를 식별하고 활용할 수 있는 지성이 발달하기 이전부터 일찌감치, 매우 자연스럽게 시작할 수 있는 대표적 교육분야가 미술입니다.

숲속미술학교에서는 이 세 가지, 공간, 놀이, 미술이라는 키워드를 통해 우리 아이들의 자기주도성을 키워줄 수 있도록 노력하며, 내적 동기를 부여해 스스로 성장하는 아이가 될 수 있도록 아이의 상상력과 호기심에 마중물을 부어주는 교육 콘텐츠를 제공하고 있습니다.

끝으로 이 책 《미술 놀이의 기적》이 프랑스에서 유학 당시 저의 뇌리를 신선하게 자극했던 교육적 감동과 영감, 실천 의지를 독자 여러분께 전달하는 수레의 한쪽 바퀴 역할을 감당할 수 있으리라 생각합니다. 그리고 나머지 한쪽의 수레바퀴는 독자 여러분과의 뜻 깊은 소통과 만남을 통해 우리 아이들의 교육 현장 속에서 완성되리라 기대해 봅니다.

박 성 찬